Paulo Cesar Sandler

Clássicos do Brasil

OPALA

EDITORA ALAÚDE

O texto deste livro foi fixado conforme o acordo ortográfico vigente no Brasil desde 1º de janeiro de 2009.

PRODUÇÃO EDITORIAL:
Editora Alaúde

REVISÃO:
Beatriz Chaves e Denis Araki

CONSULTORIA TÉCNICA:
Bob Sharp

IMPRESSÃO E ACABAMENTO:
Ipsis Gráfica e Editora S/A

1ª edição, 2011 (4 reimpressões)

Dados Internacionais de Catalogação na Publicação (CIP)
(Câmara Brasileira do Livro, SP, Brasil)

Sandler, Paulo Cesar
Opala / Paulo Cesar Sandler. -- São Paulo :
Alaúde Editorial, 2011.

Bibliografia.
ISBN 978-85-7881-108-2

1. Automóveis - Brasil - História 2. Opala
(Automóveis) I. Título.

11-12168 CDD-629.2220981

Índices para catálogo sistemático:
1. Brasil : Opala : Automóveis : História 629.2220981

2017
Alaúde Editorial Ltda.
Avenida Paulista, 1337, conjunto 11
São Paulo, SP, 01311-200
Tel.: (11) 5572-9474
www.alaude.com.br

Compartilhe a sua opinião
sobre este livro usando a hashtag
#ClássicosDoBrasil
#ClássicosDoBrasilOpala
nas nossas redes sociais:

/EditoraAlaude
/EditoraAlaude
/AlaudeEditora

SUMÁRIO

AM-SE

CAPÍTULO 1

A ORIGEM

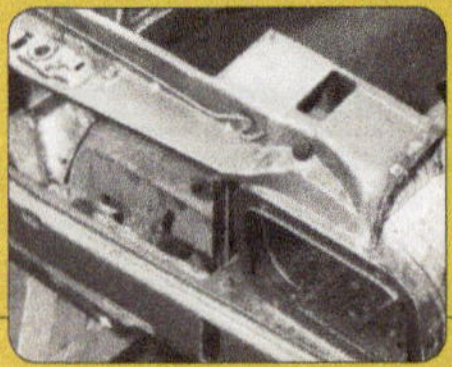

A FLINT CARRIAGE

Com início nos Estados Unidos, a história do Opala passou pela Alemanha antes de chegar ao Brasil, pela ação estratégica da General Motors, a GM. A história dessa companhia é muito rica e certamente indissociável dos fatos históricos mundiais, começando antes mesmo de sua fundação, com o negociante americano William Crapo Durant. Estabelecido em Flint, Michigan, começou a vender carroças e carruagens em 1886, com sua empresa Flint Carriage, e se tornou a maior do estado. Durant apaixonou-se imediatamente ao tomar contato com o recém-inventado automóvel. Em 1904, foi convidado por James H. Whitting para participar da venda de automóveis, fabricados pela empresa que Whitting acabara de adquirir de David Dunbar Buick, engenheiro construtor de carros. Com o bem-sucedido automóvel de Buick e a genialidade para vendas de Durant, o Buick logo se tornou o automóvel americano mais vendido. Buick, entretanto, por desgastes e desentendimentos, desligou-se da empresa.

Durant adquiriu nos anos seguintes outras empresas depois da Buick: Oldsmobile, Cadillac, Elmore, Welch, Oakland e mais quatro outras fábricas, além de várias indústrias de autopeças, de ignição, de engrenagens, de direção, entre outras. Em 18 de setembro de 1908, fundou, em Michigan, a General Motors Company. No entanto, três anos depois, Durant perdeu a empresa para um consórcio de banqueiros, por desencontros na gestão de tantas companhias. Procurou, então, Louis Chevrolet, um francês que trabalhou com grandes marcas de motores de seu país e migrou para os Estados Unidos, onde correu em competições. Durant admi-

À esquerda: Louis Chevrolet, em 1911. À direita: William Crapo Durant, idealizador da General Motors, em 1908.

rava os conhecimentos técnicos de Louis Chevrolet e convenceu-o a fabricar carros com a Chevrolet Motor Company, obtendo apoio financeiro de outros banqueiros. Em 1913, Louis Chevrolet vendeu suas ações na Chevrolet, perdendo, assim como Buick, a companhia que levava seu nome. Durant ainda adquiriria a Dayton Electrical Company, a Delco, e em seguida articularia sua volta à General Motors: aliou-se aos Du Pont, banqueiros e industriais, e a J. P. Morgan, banqueiro, e, juntos, foram comprando ações da General Motors, até que em 1916 dominaram de vez a companhia, mudando seu nome para General Motors Corporation. Durant, entretanto, novamente perdeu a empresa para seus sócios e acabou morrendo na pobreza. Mas a General Motors seguiu em frente e reorganizou-se, alinhando todas as fábricas e produtos para atender às demandas de seus compradores. Ampliou suas ofertas para todas as faixas de mercado, de carros luxuosos aos mais simples, e ganhou novas fronteiras.

GENERAL MOTORS NO BRASIL

Após dezessete anos de fundação, sempre sob a política de aproveitar novas oportunidades no exterior, a General Motors aportou no Brasil em 26 de janeiro de 1925. Em um galpão alugado no bairro do Ipiranga, em São Paulo, passou a atuar inicialmente com o nome de Companhia Geral de Motores do Brasil S.A. Nove meses depois da inauguração, o primeiro e comemorado veículo, um pequeno furgão com motor e chassi Chevrolet, saiu da linha de montagem.

Em 1926, houve uma exposição dos veículos da General Motors produzidos mundialmente, na sede da cidade de São Paulo, que mostrou, durante dez dias, os automóveis ao grande público. Em 1927, mudou sua denominação para General Motors of Brasil S.A., a General Motors do Brasil. Em setembro desse mesmo ano, saiu da linha de montagem o veículo número 25.000, o que levou a empresa a comprar um terreno de

Inauguração da General Motors do Brasil, no Ipiranga.

A General Motors chega ao Brasil em 1926. Em 1932, instala-se em São Caetano do Sul. À direita, a fachada da fábrica que se tornou um marco na cidade.

45.000 m² em São Caetano do Sul, para a construção da nova fábrica, cujas instalações ainda existem. Em 27 de setembro, foi colocada a pedra fundamental da obra.

O ano de 1929 marcou a maior crise do capitalismo até então, com o *crash* da Bolsa de Valores de Nova York. Para atravessar a crise, a empresa, entre 1929 e 1933, se viu obrigada a reduzir em 75 por cento sua produção em algumas fábricas, e, em alguns casos, em até 90 por cento, abrangendo Estados Unidos, Canadá e as filiais da Europa. A General Motors do Brasil estava mais vulnerável ainda, por ser vendedora de bens de trabalho (caminhões), de lazer (carros de passeio) e, pior ainda, de importados.

A empresa sobreviveu à situação, apesar de muitas no mundo falirem. A General Motors do Brasil decidiu comercializar, em 1930, os refrigeradores da marca Frigidaire, importados dos Estados Unidos. Em 12 de agosto de 1932, foram inaugurados os galpões de São Caetano do Sul, com uma pequena produção. Em 1933, começava a fabricação de carrocerias nacionais de ônibus sob o chassi e motor Chevrolet importado. O primeiro ônibus ficou pronto na fábrica de São Caetano do Sul em 1934. A carroceria era de madeira, muito bem construída e tão bem aceita no mercado que fez com que a General Motors do Brasil comercializasse o excedente sem o chassi, para o mercado em geral, já que havia demanda. Com a opção exclusiva de vender geladeiras, peças de reposição e carrocerias de ônibus e caminhões, a General Motors do Brasil se tornou a maior fornecedora nesses setores. Em 1936, um marco histórico foi comemorado: a saída da linha de montagem de São Caetano do Sul do veículo de número 100.000 feito no Brasil.

Durante a Segunda Guerra Mundial, a General Motors do Brasil, assim como a maioria das empresas do mundo, sentiu as consequências do conflito, mas conseguiu uma boa recuperação econômica após o seu término, impulsionada pelo crescimento do Brasil. Atendendo a uma demanda reprimida, investiu na produção de veículos pesados e, em 1948, criou o primeiro ônibus com carroceria metálica do Brasil. No ano seguinte, saiu da linha de montagem da fábrica a primeira pickup com caçamba metálica.

O aumento da produção em geral (ônibus, caminhões, carros e refrigeradores) obrigou a General Motors do Brasil a aumentar seu espaço físico. Assim, em outubro de 1953, a empresa adquiriu uma área de 1,6 milhão de m² em São José dos Campos, para a construção de instalações mais modernas. As obras começaram em 1957, mesma época em que se decidiu, de forma pioneira no Brasil, pela preparação de um programa de nacionalização de seus caminhões, chamado Projeto 420, que resultaria, em 1958, no primeiro caminhão Chevrolet brasileiro, com 44 por cento do peso nacionalizado (a legislação em vigor na época exigia o mínimo de 40 por cento). Esse caminhão era equipado com motor fundido, forjado e usinado na nova unidade de São José dos Campos, apesar de a fábrica ainda não ter sido inaugurada oficialmente, o que só ocorreria no dia 9 de março de 1959. Ainda nesse ano, o Grupo Executivo da Indústria Automobilística (Geia) aprovou a produção da perua de passageiros chamada Amazona (futura Veraneio), para transporte de carga e lazer, construída na mesma plataforma da pickup com o estilo frontal e a mecânica semelhante a dos caminhões.

Na década de 1960, a General Motors do Brasil passou por tempos difíceis por causa da conjuntura brasileira, diferente das crises anteriores que eram fortemente influenciadas por problemas externos. Em 1964, começaram a ser distribuídas as peruas Veraneio (o nome Amazona não

À esquerda: uma pickup construída pela General Motors. À direita: ônibus escolar Chevrolet de seis cilindros, popular por sua resistência.

"pegou"), que permaneceram mais de duas décadas no mercado. Nesse mesmo ano, tiveram início os primeiros estudos para a criação do que seria o primeiro veículo de passeio feito pela General Motors do Brasil.

Em 1968 a empresa entrou no mercado de transporte pessoal. Escolheu um modelo de nome totalmente novo, mas associado a determinadas tradições de sua marca registrada, bastante forte no Brasil e no mundo: Chevrolet. Nascia o Opala, uma primeira tentativa de globalização, ou seja, de uma padronização que satisfizesse necessidades comuns a muitos países. Foi projetado em Detroit, com influência da indústria alemã.

Tornou-se o veículo mais querido em sua classe, através da comprovação única e decisiva do mercado. Depois do Volkswagen Sedan, e acompanhando o crescimento da embrionária classe média brasileira, sempre prejudicada em seu desenvolvimento, o Opala se tornou um veículo de maior conforto para a população urbana. Ocupou um nicho que não era seu, mas foi previsto pela General Motors, que era o dos carros de luxo, ao mesmo tempo que a moda em torno do seu desenho o deixava "ultrapassado" sob alguns aspectos. O Opala, nas versões Comodoro e Diplomata, acabou vencendo por falta de concorrentes, principalmente depois da extinção dos produtos da Ford e da Chrysler. Assim como o Volkswagen Sedan ofereceu uma "solução de compromisso" com uma oferta mais equilibrada em muitos pontos, sem que fosse "o melhor" em nenhum deles. Substituiu o Aero-Willys na história automobilística do Brasil com galhardia e sucesso.

Opala 1978 Especial.

TROPICALIZAÇÃO

Em meados de 1963, os carros de passeio brasileiros eram o Simca Chambord, o FNM 2000 JK, o Aero-Willys e os pequenos Gordini e o Sedan 1200 (depois chamado de Fusca). A General Motors do Brasil fabricava, além dos caminhões e da pickup, a perua Amazona (futura Veraneio). O mercado automobilístico tinha boa possibilidade de crescimento e algumas pessoas dentro da empresa queriam muito fazer um carro de passeio no Brasil. Mas nessa época não havia acordo sobre que carro seria. Uns queriam seguir o mesmo caminho da perua Amazonas e usar componentes nacionais da General Motors do Brasil, outros queriam fazer o Opel Rekord, outros ainda pensavam em alguns dos produtos americanos, como o Chevrolet Bel Air ou o Impala, que era um nome mágico no Brasil, o clímax do luxo. Lançado em 1958, era muito parecido com o Cadillac.

Havia também sugestões para um virtual concorrente do Volkswagen 1200, então campeão absoluto de vendas. Cogitou-se trazer para o Brasil o pequeno Opel Kadett, mas a ideia não foi adiante, atitude inteligente já que concorrer com o carrinho da Volkswagen, num primeiro momento, não seria bom negócio.

Mas havia um aspecto econômico a ser considerado, uma vez que esse novo carro teria de ter um custo compatível com a realidade brasileira. Para isso foi montada uma equipe de profissionais brasileiros, entre eles André Beer, então diretor financeiro da General Motors do Brasil, que começou a participar das reuniões de estudos iniciais do projeto para verificar sua viabilidade financeira. Mas já havia um primeiro nome: Projeto 676. Dentro da empresa, toda vez que se falava nesse número, alguns funcionários já sabiam que se tratava de uma reunião para discutir o futuro automóvel de passeio brasileiro, sobre o qual havia um consenso: o carro iria se chamar Chevrolet, marca de grande prestígio no Brasil.

Em 1964, Clare MacKichan, engenheiro que liderou o design da General Motors de 1953 até 1962, e sua equipe resolveram o que seria feito com o "Che-

O Impala de 1965.

vrolet for Brasil". MacKichan desenhou carros importantes de grande sucesso no mercado americano, como o Impala, e a partir de 1962 passou a dirigir o departamento de estilo da Opel na Alemanha.

Em 1965, outro carro foi cogitado para vir ao Brasil para se encaixar no Projeto 676. Tratava-se do Chevy II, fabricado na Argentina. Estudos de mercado baseados na importação do modelo (livre de impostos na Argentina) mostravam que ele poderia se dar bem por lá, onde concorria com o Falcon da Ford. O mercado argentino era maior que o brasileiro e tinha melhor poder aquisitivo; portanto os custos de produção do Chevy II poderiam ser absorvidos por lá, mas não aqui.

Para o Brasil, a equipe de MacKichan tinha convicção de que o Opel Rekord seria o mais indicado. Do ponto de vista empresarial, de política de racionalização de componentes e, no caso, de fabricação de carrocerias e de ferramental para as prensas, diminuíam-se os efeitos nos custos. O Opel Rekord era o primeiro carro mundial da General Motors, escalado para os fortes mercados do México e da África do Sul, onde a versão anterior do Rekord era feita com o nome de Ranger.

Um dos cálculos de custos definitivos para a escolha do Rekord foi seu grande "equipamento de série", que o diferenciava de alguns dos produtos oferecidos no mercado americano, a carroceria tipo monobloco.

O Opel Rekord C de duas e de quatro portas, importados pela General Motors do Brasil para os primeiros testes.

A DIVULGAÇÃO QUASE SECRETA

A General Motors do Brasil tinha um jeito muito especial de conseguir publicidade grátis para seus lançamentos. Em vez de trancafiá-los ou de fazer testes secretos, mantinha contato com jornalistas especializados simpáticos à empresa e se deixava fotografar.

André Beer participou da implantação desse projeto, já resolvido pela diretoria de operações internacionais de Clare MacKichan. Como era analista financeiro, verificou quantitativamente qual seria o custo mais baixo possível para a produção de um veículo certamente competitivo em nosso mercado. E a questão "competitivo" era simples: não havia concorrentes. A General Motors do Brasil enviou diretores de engenharia, produção e custos aos Estados Unidos, e dessa missão o jovem, mas experiente, André Beer participou. Segundo ele, ficou em alguns centros da General Motors em Michigan por mais de três meses.

Após as viagens aos Estados Unidos, a equipe brasileira viajou para a Alemanha. Apesar de a decisão já ter sido tomada, a diretoria de operações internacionais queria a aprovação *in loco* dos brasileiros. Nessa época havia sido lançado o Opel Rekord B, uma evolução do Rekord A. André Beer gostou do que viu e, como analista de custos, aprovou o Opel para ser o novo carro da General Motors do Brasil.

O Opel de quatro portas.

Assim, com a carroceria devidamente aprovada, a diretoria brasileira reuniu fornecedores, revendedores, funcionários graduados e a imprensa para oficializar a noticia. Foi realizada em 23 de novembro de 1966, no elegante Clube Atlético Paulistano, onde foi oferecido um jantar dançante aos convidados. O então presidente da General Motors brasileira D. Martin fez um discurso e anunciou o futuro carro de passeio brasileiro: um sedã de quatro portas, em duas versões, "básica" e "luxo", com capacidade para seis passageiros. Naquele momento não se afirmou que a carroceria seria do Opel. Assim foi aguçada a curiosidade da imprensa e, consequentemente, do público.

A partir dessa recepção, bastava aparecer um carro camuflado que alguém, muitas vezes da própria fábrica, avisava repórteres e fotógrafos das revistas especializadas. O futuro carro da General Motors do Brasil foi um dos mais comentados de toda a história automobilística brasileira, mexeu com o imaginário de todos.

No início de 1967, começaram inúmeros testes com o carro alemão a fim de tropicalizá-lo. Foi contratado o experiente Ciro Cayres, ex-piloto da recém-extinta equipe de competições da Simca, para minimizar o erro – até então comum no Brasil – de lançar carros pouco adaptados. Nessa época já havia sido lançado o Rekord C, carro que serviu de base para o nosso carro.

Além da carroceria, foi aproveitada do Rekord C a suspensão, semelhante à dos carros americanos, como dos Chevrolet 1965, ou seja, muito resistente. Foram

Carrocerias do Opel começam a se transformar gradativamente no Opala.

feitos também alguns reforços a fim de adaptá-la às condições brasileiras, a pedido de Ciro Cayres.

Se a carroceria e a suspensão já estavam escolhidas, o mesmo não se podia dizer em relação ao motor. O Opel tinha originalmente os de 1,5, 1,7 e 1,9 litro (58, 60 e 90 cv DIN), com tecnologia alemã de fabricação. Fundir e usinar esses motores de baixa cilindrada e elevada rotação das peças móveis, que garantiam seu rendimento, mostrou custos elevados.

Havia tempos a General Motors do Brasil fabricava o famoso motor de seis cilindros usado nos caminhões e caminhonetes, e desde 1958 usava a fundição, garantida por salários mais baixos que o exterior, para as linhas de motores de quatro cilindros usados lá fora. Desde 1962 havia uma versão mais moderna, de curso dos pistões pequeno, usado no Chevy II. Esse seria o motor do novo carro, que deslocava 2.507 cm^3, com potência máxima de 90 cv.

Mas havia necessidade de se fazer um motor maior, de seis ou oito cilindros, já que os principais concorrentes eram assim, como o Aero-Willys (seis cilindros) e o Simca (oito cilindros). Além disso, eram cogitados lançamentos, como o Ford Galaxie e o Dodge Dart, ambos com motor V-8. O seis-cilindros, já fabricado aqui, estava um tanto obsoleto (chamados de Chevrolet Brasil), já que fora projetado em 1929, com modificações feitas em 1937. Era antigo, mas confiável, além de ser um velho conhecido dos mecânicos brasileiros.

Havia um seis-cilindros moderno praticamente igual ao quatro-cilindros de 2.507 cm^3, só que com dois cilindros a mais, de 3.708 cm^3 e 125 cv, com virabrequim apoiado em sete mancais – quatro no Chevrolet Brasil –, com vantagens óbvias em termos de aproveitamento de ferramental e de compartilhamento de peças. Com carroceria e mecânica devidamente escolhidas, os testes nas ruas se intensificaram, sempre perseguidos pelos fotógrafos das revistas especializadas.

SURGE O OPALA

Anunciado em 1966, em maio de 1968 o nome Opala já era amplamente usado por todos os funcionários da General Motors do Brasil e pela imprensa, mas continuava sendo apenas um dos nomes sugeridos pela direção e pelo marketing da fábrica. Nome de uma pedra preciosa em português e em outras línguas, a opala é incolor no ato da extração, mas ganha com o tempo novas cores, o que é considerado por muitos o seu fascínio. Nos mapas astrológicos, a opala representa o mês de outubro, coincidentemente o

O painel e as forrações internas do Opel foram aproveitados no Opala.

mês em que o primeiro carro-piloto saiu da linha de montagem. André Beer conta que o nome saiu de uma seleção que contou com oitocentas sugestões apresentadas por pessoas ligadas à General Motors do Brasil.

Opala é também uma aliteração das marcas registradas Opel e Impala. A pessoa que deu esse nome (nunca identificada pela General Motors do Brasil, nem mesmo por Beer para este livro) lembrou que a marca Chevrolet havia sido igualada, no imaginário do público automobilístico brasileiro, ou até ultrapassada, pelo termo Impala. Impala é um animal africano, conhecido por sua beleza e velocidade, "primo" da corça e do antílope.

O Opala já tinha nome, carroceria e motores definidos. Faltava agora um visual próprio. A General Motors usava desenhos de sua enorme galeria. Não havia desenhos iguais para países diferentes e por isso o Opel brasileiro tinha de ser diferente do Opel alemão e do mexicano. O designer americano David Clarke foi designado pela matriz para "disfarçar" o Opel Rekord brasileiro, para que ficasse com um ar de Chevrolet. O elemento de estilo mais importante em todos os carros daquela época era a grade frontal e ela, provavelmente, viria do Chevy II, chamado Nova em 1968. A peça era constituída de delicados filetes frontais cromados, em toda a extensão, os para-lamas dianteiros eram avançados com inclinação para trás e recobertos de grades, os para-lamas traseiros possuíam formato de "garrafa de Coca-Cola". As lanternas traseiras do Opel também sofreriam modificação. Os faróis também eram um componente estético muito importante, assunto de grandes discussões.

Funcionários do departamento de Estilo trabalham no visual do Opala.

Algumas opções de faróis são testadas.

Naquele momento, mais uma dose de informação era dada para manter o interesse: fotos na imprensa reproduziam o Opala com seus faróis definitivos: circulares. Novamente era a revista *Quatro Rodas* que dava o "furo". O carro fotografado foi o protótipo, mas o modelo definitivo já estava pronto, confinado no departamento de estilo, em segredo. O protótipo continuava entregue ao departamento de engenharia experimental, que prosseguia com os ajustes dos motores. Ciro acreditava que nosso Opala de seis cilindros poderia atingir 200 km/h sem muito preparo. Seus planos para uma versão esportiva tiveram de ser postergados, pois a imagem inicial divulgada seria a de um comportado carro familiar.

Em meados de julho, o Opala estava pronto. A General Motors do Brasil inaugurou um centro de treinamento técnico para todas as oficinas autorizadas e revendas no Brasil. Essa tarefa foi facilitada pela estrutura que a empresa manteve durante décadas. Houve cuidado em manter a assistência técnica preparada no país inteiro, e não apenas nas capitais, antes de o carro ser lançado.

Foto comparativa, feita para o lançamento, mostra o Opala, à esquerda, ainda sem suspensão adequada. Sua altura é diferente do Opel, como pode se notar pela foto abaixo.

CAPÍTULO 2

A CHEGADA AO BRASIL

O LANÇAMENTO

O lançamento do Opala foi envolvido em um véu de mistério e revelações, a grande jogada da General Motors do Brasil. Informações exatas foram sendo divulgadas pouco a pouco, para criar e manter o interesse. Como consequência, foi um dos automóveis mais aguardados no Brasil, em uma época com poucas novidades. Às vésperas de serem lançados, os carros (ainda disfarçados), que faziam os testes pelas ruas, estradas e serras de São Paulo, eram seguidos tanto por motoristas particulares como por fotógrafos de revistas especializadas.

Parte da imprensa divulgou que o Opala seria personalizado, com características inéditas, não existindo modelo igual em nenhuma outra parte do mundo. Obviamente, isso era falso.

A campanha publicitária adotou cuidadosamente personagens que representassem as várias faixas sociais: a atriz Tônia Carrero, exemplo de elegância, *finesse* e sofisticação; o cantor Jair Rodrigues, que tinha enorme simpatia pessoal, e Roberto Rivelino, o grande ás do futebol. Todos repetiam o bordão: "Obrigado, meu carro vem aí".

Lançamento do Opala no VI Salão do Automóvel, em São Paulo.

Os Opalas Standard e Luxo, expostos momentos antes da abertura do Salão do Automóvel.

A curiosidade despertada pela campanha de lançamento entre as pessoas que se interessavam por automóveis, que queriam saber "antes que todos" como seria a aparência final do Opala, terminou no VI Salão do Automóvel, que aconteceu entre 19 de novembro e 8 de dezembro de 1968, em São Paulo, num evento que trouxe mais de cinquenta novidades reais, excluindo acessórios e tipos.

O Opala foi a sensação do evento. O estande da General Motors do Brasil tinha 1.500 m², um dos maiores, mas não era possível ver os carros com calma, fora das sessões exclusivas para a imprensa. Um dos carros ficava elevado, sobre um palco giratório. Era apenas um dos modelos de quatro portas, das versões chamadas Luxo e Especial. Podiam ser encomendados com o motor de quatro cilindros, deslocando 2,5 litros, e o de seis cilindros, com 3,8 litros. Ou seja, eram quatro modelos Opala à escolha do consumidor, todos com quatro portas.

De meia em meia hora, os alto-falantes tocavam um jingle paródia da marchinha de carnaval "Saca-rolha", com letra de Benito de Domenico:

> O Opala já chegou
> Carro bacana que saiu para abafar...
> Foi na GM construído com carinho,
> Para mostrar do que é capaz
> Deixe o Opala passar...
> A GM cumpriu o que previu,
> Fez um carro bonito de arrasar...
> É opa, opa, opa, opa, Opala
> Vamos comprar,
> Sem duvidar
> Deixe o Opala rodar...

Os quatro modelos de Opala à disposição do consumidor.

Um dos vários eventos de lançamento do Opala, que foram realizados simultaneamente pelo Brasil.

Fotógrafos se acotovelavam e as autoridades máximas do país deram o ar da graça, como o então presidente marechal Arthur da Costa e Silva, o ex-governador Laudo Natel e os então ascendentes na carreira, como o prefeito de São Paulo, Paulo Salim Maluf e o ministro da economia Antônio Delfim Neto. Quase todos eram muito interessados por automóveis e, com exceção do marechal presidente, todos ficaram muito tempo na política, assim como o Opala no mercado.

O sucesso de público no Salão do Automóvel prenunciava o que a General Motors do Brasil esperava do mercado; mas a insegurança era grande, pois a reação das pessoas era imprevisível. No entanto, ela se mostrou favorável. Embora salões de automóvel nunca aumentassem as vendas, no Brasil foi diferente. Muitas consultas e pedidos colocaram, em seis meses, 10.000 Opalas novinhos nas ruas e nas garagens de gente que curtia mostrar o carro a vizinhos, parentes, amigos e, principalmente, aos inimigos. Como comparação, em 1968, ou seja, imediatamente antes do Opala, a General Motors do Brasil colocou no mercado 24.987 caminhões, pickups e a Veraneio. Em 1969, as vendas mais que dobraram: 52.805 unidades.

O Opala chamava a atenção no salão e as opiniões eram quase unânimes: "Valeu a pena a espera!". Além de bonito, o carro prometia ser funcional. Até então, os carros brasileiros, em sua maioria, eram modelos vindos da Europa ou dos Estados Unidos, e apenas adaptados ou, como se dizia na época, pouco tropicalizados. Isso geralmente causava problemas, como o Simca Chambord, carro francês que, ao desembarcar em terras brasileiras, sofreu muito com nosso clima e com as péssimas condições de nossas estradas. Demorou alguns

anos para que o carro sofresse as mudanças necessárias para adaptá-lo ao Brasil.

A qualidade da construção do carro ainda deixava a desejar. Durante três anos, a carroceria apresentava ruídos adventícios, barulhos na suspensão e algumas quebras torcionais. A carroceria monobloco era uma novidade por aqui, e o treinamento de funcionários levava tempo. As peças não se adaptavam direito, e a montagem do monobloco tinha de ser completada com materiais fora da especificação, soldas e porcas extras. A cambagem e o alinhamento da suspensão, por diferenças no gabarito, eram difíceis de conseguir dentro das especificações mínimas dos manuais. Alguns carros gastavam excessivamente pneus e amortecedores. Enfim, eram problemas de um modelo novo e mostravam alguma pressa no lançamento. Alguns dos problemas apontados por Ciro Cayres não puderam ser resolvidos a tempo para o lançamento.

A fábrica dizia que o carro fora projetado para levar seis passageiros com algum conforto, já que o banco dianteiro era inteiriço e o sistema de ventilação era eficiente. Essa informação foi usada em uma estratégia de marketing muito bem explorada pela General Motors do Brasil.

Como esperado, a grade frontal veio diretamente do Chevy II, então chamado Chevy Nova, em 1968. Havia delicados filetes frontais cromados em toda a extensão. As lanternas traseiras eram pequenas e retangulares, também visíveis dos lados, para cumprir a meta de segurança. Esteticamente, essas lanternas não agradaram muito, pois ficavam semelhantes às que equipavam os carros da década de 1950 em tamanho.

Externamente, as diferenças entre as versões Standard e Luxo estavam no fato de o Luxo vir equipado com supercalotas, frisos nas aberturas das rodas e abaixo das

Dianteira e traseira do Opala Luxo.

portas, cinta cromada na traseira entre as lanternas, com padrão semelhante à grade dianteira (no Standard, as lanternas ficavam isoladas), arremate cromado nas borrachas do para-brisa e do vidro traseiro e espelho retrovisor externo (opcional no Standard).

Para identificar a motorização, havia um pequeno letreiro no para-lama dianteiro com os números "2500" e "3800", respectivamente quatro e seis cilindros. Ambos com câmbio de três marchas com alavanca na coluna de direção.

O INTERIOR

Houve certa economia no acabamento interno do Opala. Os modelos Luxo tinham sido brindados com algum bom gosto para os padrões americanizados de então, com interior nas cores branca, azul, bege, vermelha, preta e verde, para uma classe média que parecia crescer.

Além da qualidade das forrações, havia outras diferenças entre o modelo Luxo e o Standard: relógio, lavador de para-brisa, acendedor de cigarros, para-sol do lado do motorista e do passageiro (no Standard, só do lado do motorista), alças no teto e nas portas traseiras, cinzeiro para

os passageiros do banco de trás instalados nas portas traseiras e, finalmente, bancos mais luxuosos gomados e com capitonê, ou seja, equipamentos que hoje são considerados normais em modelos comuns.

Todos os modelos tinham opcionais: porta-luvas com chave, rádios de alcances variados e cintos de segurança. As fábricas adiantaram-se à legislação, que não se preocupava com isso. Nos Estados Unidos e na Europa, o item de segurança vinha desde 1956 também pelas fábricas. O manual do proprietário do Opala recomendava: "Habitue-se a usá-los, mesmo quando a viagem for curta".

O painel era idêntico ao do Opel Rekord em seus modelos básicos, com dois mostradores circulares. No centro do painel havia o velocímetro, graduado de 20 em 20 km/h, marcando a máxima de 180 km/h, com hodômetro totalizador em quilômetros. Do lado esquerdo, havia outro instrumento múltiplo, com medidor do nível de combustível pouco preciso (em cima), mostrador de temperatura da água do radiador (embaixo), todos com faixas coloridas, mas sem marcação numérica, e quatro luzes, sendo duas "espia", que acendiam quando havia deficiência de pressão do óleo lubrificante no motor e na carga da bateria, e outras luzes indicativas do acionamento do farol alto e das lâmpadas indicadoras do pisca-pisca. Entre esses dois marcadores era instalado o relógio (no modelo Luxo), de diâmetro menor.

Da esquerda para a direita: o interior do modelo Luxo na cor preta. O interior azul era mais uma entre as cinco opções disponíveis. O cinzeiro na porta traseira era exclusivo do modelo Luxo. Bomba de pé para acionamento do lavador de para-brisa, exclusiva do modelo Luxo.

Porta-malas, amplo o suficiente para a bagagem de toda a família.

O banco dianteiro era inteiriço, regulável, correndo em trilhos com ajuda do corpo. Não prejudicava muito o conforto dos passageiros do banco traseiro, mesmo com o curso todo para trás, uma concessão aos motoristas brasileiros, diferentemente dos alemães, de elevadas estaturas. Os concessionários Chevrolet podiam instalar um dispositivo que fazia o banco avançar mais 2 cm, pois pessoas com 1,60 metro de altura tinham dificuldade para acionar os pedais.

O porta-malas era um dos pontos positivos para a venda do carro. Com capacidade suficiente para a bagagem média das famílias de então, era acionado por chave e fechadura no capô. Depois de destravado, com contrabalanço por barras de torção, mantinha-se aberto, pelo menos por algum tempo... Podia vir com uma lâmpada opcional, com interruptor automático ao se abrir o capô.

Todas as versões do Opala vinham equipadas com cinzeiros no painel, de difícil abertura e fechamento, que corriam sobre trilhos, e também cabides plásticos sobre as portas traseiras. Havia travas nas quatro portas acionadas por pinos no batente da janela. Apenas as portas dianteiras podiam ser destravadas do lado externo, com o uso da chave.

AS PRIMEIRAS REAÇÕES

A primeira revista a publicar um teste do carro foi a *Quatro Rodas,* na edição de dezembro de 1968. Expedito Marazzi, misto de engenheiro, piloto de competições, jornalista e, na época do teste, dono da primeira escola organizada de pilotos de competição, e seu colega Ciro Cayres ficaram impactados pela velocidade máxima de um carro de série: 170 km/h. O torque proporcionava a melhor aceleração dos carros de série no Brasil: de 0 a 100 km/h em 14 segundos. Para comparar, o rei da velocidade da época, com pequeno reinado (durou apenas até a chegada do Opala), era o Esplanada GTX, da Chrysler, que atingia 165 km/h e levava 15,3 segundos para chegar aos mesmos 100 km/h.

Marazzi reclamou um pouco do banco inteiriço, para três passageiros, no qual era difícil manter o corpo estável nas curvas sem ficar se "pendurando" no volante de direção. No modelo de quatro cilindros, com o motor Chevy II projetado em 1962, o carro era muito mais eficiente: 146 km/h, mais que suficiente para o motorista normal, e de 0 a 100 km/h em 19,3 segundos. A aceleração era muito limitada pelo uso do câmbio de três marchas, em que a terceira era bem longa, servindo mais para baixar a rotação do motor em estrada, e a alavanca era montada na coluna de direção. Anos depois, a adoção de um câmbio no chão com quatro velocidades melhorou essa marca. Marazzi tinha restrições quanto ao acabamento e à qualidade dos materiais do carro e à fixação de certos acessórios. A estabilidade em curvas era problemática para o motorista comum. O quatro-cilindros não se comportava muito melhor. A Veraneio tinha diferencial autoblocante, mas no Opala, muito leve na parte de trás, principalmente no seis-cilindros, ficava sobre-esterçante.

O bloqueio das rodas de trás em freadas bruscas era outra restrição, notada por Ciro Cayres. Os freios a tambor nas quatro rodas eram mal dimensionados e imprecisos e os discos dianteiros demoraram dois anos para sair. Freios traseiros a disco só foram adotados no modelo 1991. Os freios a tambor do seis-cilindros – por suas dimensões – davam ao motorista a sensação de estar dirigindo um caminhão Chevrolet; por vezes, precisavam da habilidade do dono para ele não se envolver em um acidente. Os freios tinham regulagem autoajustável, evitando visitas frequentes às oficinas mecânicas. Colocava-se o carro numa rampa, com a frente do lado mais alto, e descia-se rapidamente, de marcha a ré, acionando-se abruptamente o pedal do freio. As sapatas acomodavam-se a uma eventual folga, mas o sistema era pouco eficiente e, em dois anos, foi abandonado.

Edição de dezembro de 1968 da revista *Quatro Rodas*, que trazia como destaque o primeiro teste com o Opala de seis cilindros.

À esquerda: o motor de quatro cilindros. À direita: o motor de seis cilindros.

CAPÍTULO 3

A EVOLUÇÃO DOS MODELOS

O OPALA SE FIRMA

O ano de 1969 iniciou-se com o anúncio entusiasmado do então presidente da General Motors do Brasil, James F. Walters, de que a empresa comemorava recordes de vendas no ano de 1968, com 24.894 veículos Chevrolet comercializados, sendo 305 Opalas, além de 71.370 refrigeradores Frigidaire e de 186.258 baterias Delco. Isso representava um aumento de 47,7 por cento, 42,6 por cento e 13,8 por cento, respectivamente, nas vendas desses produtos em relação a 1967. Em julho de 1969, foi comemorada a fabricação do veículo Chevrolet brasileiro de número 200.000. Para a foto comemorativa, foi usado o recém-criado Opala.

No início do ano, a imprensa especializada flagrou os novos Opalas sendo testados na rua. Eram os cupês de duas portas, com traseira estilo fastback. Com esse visual agressivo, logo imaginaram que se tratava de um modelo esportivo, que rapidamente recebeu o apelido de Opala GT. O protótipo estava tão bem guardado que surpreendeu até os porteiros da fábrica quando saiu para os primeiros testes. Mais uma vez, mexia com o imaginário da imprensa especializada: alguns acreditavam que o veículo seria equipado com dois ou até três carburadores, e que, além disso, a taxa de compressão seria aumentada. Outros noticiavam que a cilindrada seria maior, e que um novo comando de válvulas estava sendo estudado pelo setor de engenharia. Por fim, o câmbio seria um inédito quatro-marchas com alavanca no assoalho. Logicamente, com toda essa esportividade, a suspensão receberia refor-

Protótipo do cupê, chamado pela imprensa de Opala GT pelo visual esportivo.

ços e os pneus seriam mais largos, além de vir equipado com freio a disco nas rodas dianteiras. Com tudo isso, o carro poderia atingir facilmente 190 km/h. Se tudo isso era verdade, mais uma vez, só o tempo poderia responder. Na realidade, o projeto do cupê já existia praticamente desde a época do lançamento do Opala, mas fora rejeitado pelos engenheiros americanos que estavam no Brasil na época. Mas com os concorrentes lançando novos produtos, a direção da General Motors do Brasil achou oportuno retomar o antigo projeto.

Falando em duas portas, a Ford não perdeu tempo. Ainda no primeiro semestre, lançou a versão cupê do Corcel, considerado mais bonito que o modelo quatro portas. Por causa do menor custo de produção, esse novo Corcel era um pouco mais barato, pois, afinal, tinha duas portas a menos. Aproveitando o visual mais esportivo típico de um cupê, a Ford decidiu lançar, alguns meses depois de mostrá-lo no Salão do Automóvel, a versão "apimentada" chamada Corcel GT, decorado com várias faixas pretas, que já saía de fábrica equipado com vários acessórios. A mecânica era praticamente a mesma e, portanto, não era de se esperar um desempenho muito emocionante desse pequeno motor de 1.300 cm^3. Mas uma coisa era certa: esse novo Corcel agradou muito ao consumidor, principalmente o mais jovem, que nessa época se deleitava por possuir um carro com ar mais agressivo.

Vale lembrar que, nessa época, o motorista brasileiro preferia carro de duas portas, pois o quatro-portas tinha fama de ser carro de taxista e, consequentemente, perdia valor na revenda. Nada contra os taxistas, mas um carro de praça rodava muitos quilômetros diariamente e era extremamente maltratado pelas ruas precárias. Alguns desses veículos eram descaracterizados e revendidos no mercado comum, e não seria nada vantajoso para o comprador que o adquirisse.

Mas a Ford estava do olho no sucesso do Opala, e ainda tinha como meta criar um veículo para competir diretamente com ele. Durante o ano, foram flagrados alguns Ford Taunus sendo testados por pilotos de testes da fábrica, perto de São Bernardo do Campo. O Taunus tinha o tamanho muito próximo ao do Opala e, coincidentemente, também era alemão. A Ford confirmava a intenção de fabricá-lo no Brasil, e os testes estavam sendo realizados com algumas unidades importadas diretamente da Ford alemã para esse fim.

Na edição de maio de 1969 da revista *Quatro Rodas*, foi publicada uma pesquisa de satisfação com proprietários do Opala. Dos trezentos primeiros compradores, foram escolhidos 140 (setenta com carros de seis cilindros e setenta com carros de quatro cilindros). Os resultados foram satisfatórios: 96 por cento gostaram do estilo do carro, 99 por cento acharam o porta-malas suficiente e 96 por cento consideravam a suspensão macia. Um dos poucos itens que não tiveram unanimidade foi o acabamento, que agradou 60 por cento dos proprietários da versão Standard e 57 por cento da versão Luxo. Quanto ao desempenho, o que mais empolgava no carro era a velocidade máxima, 98 por cento para o seis-cilindros e 93 por cento para o quatro-cilindros; e a aceleração: 100 por cento para o quatro-cilindros e 97 por cento para o seis-cilindros. O que menos agradou foi o consumo: apenas 60 por cento dos proprietários da versão seis-cilindros estavam satisfeitos e 55 por cento dos donos de quatro-cilindros.

A concorrência estava se mexendo. A General Motors do Brasil sabia disso e já se esforçava para melhorar seu produto. Apenas oito meses depois do lançamento do Opala já eram flagrados na rodovia Pedro Taques alguns modelos sendo testados com a nova grade dianteira. Talvez pudesse se tratar de alguma "sobra" da grande variedade de grades que o departamento de estilos produziu na época do pré-lançamento. De qualquer forma, mostrava que a empresa já preparava alguma novidade na linha Opala para breve.

No final do ano, outro grande lançamento brasileiro: o Dodge Dart fabricado pela Chrysler. Como já se esperava, o Esplanada e o Regente foram aposentados. O Dart nacional era muito parecido com o modelo americano de 1967, com algumas pequenas adaptações, a fim de naturalizá-lo, e por aqui só veio a versão de quatro portas. Com a chegada do Dodge Dart, o Opala seis-cilindros perdeu o título de carro de série mais veloz do Brasil. Também pudera: o Dart era equipado com um poderoso motor V-8 de 5.212 cm^3 e 198 cv, capaz de levar seus 1.500 kg a uma velocidade máxima de aproximadamente 180 km/h. Seu preço sugerido era de 23.950 cruzeiros novos, mais caro que o Opala seis-cilindros Luxo (21.670 cruzeiros novos) e mais barato que o Galaxie (32.691 cruzeiros novos).

1970 – POUCO MUDA

Em 1970 poucas mudanças foram feitas no Opala. Podem-se destacar as novas cores. Eram tempos em que o *hippie* se misturava ao carnaval, e se fazia de conta que as masmorras da repressão, que só tinham cinza, nem existiam. Amarelo, laranja, salmão, vermelhos de muitos tons, assim como vários azuis e verdes povoavam as ruas. Pela primeira vez a General Motors do Brasil oferecia algumas cores metálicas para o Opala. Internamente, nenhuma mudança, só podia ser comprado na cor preta. Há notícias de que existem alguns poucos Opalas 1970 com a forração interna de outras cores, iguais às oferecidas em 1969. Talvez pudesse se tratar de algumas sobras, oferecidas ao comprador apenas sob encomenda.

O espelho da porta foi deslocado um pouco mais para trás, terminando com os pontos cegos da abertura do quebra-vento. Isso se devia a um hábito do motorista brasileiro de dirigir com os bancos afastados para trás. O deslocamento do banco não provocava o aparecimento de pontos cegos, mas o brasileiro era mais baixinho, e queria sempre ficar parecendo piloto de fórmula 1, que dirige deitado.

A General Motors do Brasil voava em céu de brigadeiro, com um aumento considerável das vendas do Opala de janeiro a dezembro de 1970: 42.094 veículos, mais de 70 por cento em relação ao ano anterior.

A traseira do modelo 1970.

Dianteira do modelo 1970, praticamente sem mudanças.

1971 – A NOVA LINHA

No VII Salão do Automóvel, que aconteceu no final de 1970, foi apresentada a linha 1971. A General Motors do Brasil preparou o que chamou internamente de "segunda geração". Havia no Opala novas grades de alumínio prensado e faróis emoldurados, como mandava o estilo americano de Bill Mitchell. Internamente, os bancos tinham novos desenhos.

Os nomes dos novos modelos eram um tanto esquisitos e híbridos, resultado da inspiração nos modelos estrangeiros, que lembravam o que se via lá fora: Opala Gran Luxo (o Gran pode ter vindo do italiano ou do espanhol, mas ninguém pensou muito nisso) e o esportivo SS, de Super Sport, de uma famosa série americana da Chevrolet, com motores de até 7 litros de cilindrada. Em algumas propagandas, chamava-se separated seats, assentos individuais dianteiros, diferentes do bench seat, sem separação. Por aqui, ficávamos no 2500 e 3800. A versão, até então chamada Standard, agora se chamava Opala Especial, embora fosse um "especial" para baixo, pois tinha menos acessórios que o Standard anterior. O modelo intermediário chamava-se Opala Luxo, embora tivesse apenas equipamentos básicos, sem muito luxo.

Nova linha Opala, da esquerda para a direita: Luxo, SS, Gran Luxo e Especial.

A engenharia começou a dar atenção aos pontos não tropicalizados, vistos como fracos, do Opel Rekord, e outros ligados ao hibridismo da adoção de um motor americano pesado em um projeto de chassi-carroceria europeu leve.

Uma das reclamações dos proprietários, principalmente dos modelos equipados com motor de seis cilindros, era a ausência do servo-freio nos sistema a tambor, que já exigia muito esforço mesmo nos modelos de quatro cilindros. Era insuficiente em altas velocidades e a diferença de peso na frente, no de seis cilindros, fazia o carro dançar mais que uma rumbeira. Os reservatórios hidráulicos nas rodas dianteiras, popularmente chamados "burrinhos", passaram de 1 pol para 1,5 pol. Foi apenas um paliativo, mas diminuiu a insegurança psicológica do proprietário. A General Motors do Brasil contratou uma empresa nacional em expansão, a Varga, para cuidar do problema. A contribuição rendeu ainda o freio a disco dianteiro, que não era mais eficiente, mas tinha menos fading, fadiga de material, depois de algumas horas de aquecimento. Isso causava problemas mais sérios de segurança. Outra reclamação era a excessiva vibração do motor de quatro cilindros, também melhorada com paliativos que se sujeitaram a desgastes precoces, mas garantiram as vendas por pelo menos dois anos: um novo desenho dos coxins do motor. A rumbeira foi substituída por uma passista de escola de samba com a adoção de uma barra estabilizadora traseira (opcional). O pedal do acelerador ganhou nova articulação e ficou menos barulhento e mais macio. A alavanca de câmbio era mais curta, e a relação de diferencial (no de quatro cilindros) foi de 3,73:1 para 3,54:1, aumentando a velocidade final, com pequeno prejuízo da aceleração, em respeito às longas distâncias das estradas do Brasil. Detalhes como fixação do macaco, do estepe e quebra-galhos, que denotavam falta de cuidado no acabamento, receberam uma flanela para forrar e embrulhar ao mesmo tempo a chave de rodas, o que mostrava mais respeito ao consumidor.

O Opala Especial era o modelo de "entrada", low-level, meio parecido com o Pé de Boi da Volkswagen, ou o profissional da Simca. Os fabricantes insistiam em desprezar a tendência brasileira de rumar para modelos mais luxuosos. Em todo caso, era um carro comparativamente barato, sem acessórios e desprovido de luxo. Imaginava-se que os taxistas iriam adotá-lo. A grade era nova, diferente dos modelos com maior luxo, executada em tela metálica na cor preta, contornada por dois frisos cromados paralelos, no centro a "gravatinha" da Chevrolet. A traseira era mais simples, com painel pintado, pobre e liso, com um letreiro minúsculo em que se lia Chevrolet Opala do lado direito. As calotas eram meramente vestigiais e a tampa do tanque de combustível, pintada na cor do carro, sem chave, numa época em que o roubo de combustível era comum. O carro perdeu a luz de ré e o regulador de intensidade de luz nos instrumentos do painel. O revestimento dos bancos foi simplificado, ficando sem costura, e o das portas de material mais simples, ficando sem descansa braço. O para-sol era apenas para o motorista e havia poucos opcionais: acendedor de cigarros, cinzeiro na porta traseira, lavador de para-brisa com acionamento na bomba de pé, protetor de para-choque e frisos cromados na borracha do para-brisa e no vidro traseiro. Podia vir com 2.500 cm^3 ou 3.800 cm^3.

Dianteira do Opala Especial, o antigo modelo Standard, com nova grade dianteira e mais simples que a dos outros modelos.

O Opala Luxo passou a ser o modelo intermediário da linha e ganhou novos tapetes, bancos redesenhados com pequenos losangos e, opcionalmente, um sistema de ventilação interna para ajudar a desembaçar o para-brisa. Trazia acendedor de cigarros, cinzeiro nas portas traseiras, lavador de para-brisa, grade dianteira com dois frisos horizontais em formato de U e logotipo mais requintado da Chevrolet no centro. Continuava sem um mísero jogo de ferramentas, economia inadmissível para essa faixa de preço, baseada na ideia de que a classe média não entendia de mecânica. Os motores ficaram inalterados, com 2.500 cm³ ou 3.800 cm³.

O novo Opala Gran Luxo trazia os novos freios Varga e, ainda, o recurso do servo-freio como itens de série; pintura acrílica ou metálica, teto recoberto de vinil corrugado (opcional nas outras versões), moda americana e europeia nos anos 1960, com logotipo "Gran Luxo" na coluna C, replicado nos para-lamas traseiros, perto das lanternas. A grade dianteira era idêntica à do modelo Luxo; já a ponta do escapamento era cromada. O acabamento interno era mais bem cuidado: carpetes de buclê, estofamento de jérsei e aplicação de jacarandá nos lados internos das portas e no painel. Havia luzes de cortesia no capô, no porta-malas e no porta-luvas. Itens de série ainda incluíam rádio, lavador de para-brisa com bomba de pé, desembaçador, fechadura no porta-luvas, trava na coluna de direção e alça de segurança no teto. Era o mais silencioso da linha, pois recebia maior quantidade de material isolante.

Traseira do Opala Especial.

A evolução dos modelos

O motor de seis cilindros apresentava níveis de ruído abaixo apenas dos oferecidos pela linha Ford Galaxie. O motor de quatro cilindros era opcional e o de seis cilindros teve o volume total aumentado para 4.100 cm³, conseguido pelo maior curso dos pistões (de 82,5 mm para 89,8 mm). O torque foi de 26,3 kgm para 29,0 kgm, e a potência foi de 125 para 138 cv. Havia menor vibração do virabrequim, pela adoção de doze e não de apenas nove contrapesos. Essa nova cilindrada era identificada pelo emblema 4100 no para-lama dianteiro, no mesmo lugar em que ficavam os emblemas 2500 e 3800 nos modelos de 1969 e de 1970. O câmbio continuava com três marchas e alavanca na coluna de direção. A imprensa especializada criticava a falta de acessórios que um carro de sua classe exigiria: direção hidráulica, câmbio automático, vidros elétricos e ar-condicionado. Em 1971, algumas poucas unidades do Gran Luxo saíram de fábrica equipadas com o antigo motor de seis cilindros de 3.800 cm³, que hoje são verdadeiras raridades.

Traseira do Opala Gran Luxo.

O novo Opala SS tinha o mesmo motor 4.100 do Gran Luxo. O diferencial era do tipo autoblocante (como na Veraneio), havia barra estabilizadora na suspensão traseira, pneus sem câmara mais largos, freios a disco Varga nas rodas dianteiras, com servo-freio, e tambores traseiros recalibrados.

O que mais causou estranheza na época de seu lançamento foi o fato de só estar disponível na versão sedã de quatro portas, com visual muito comportado. Há algum tempo, a General Motors do Brasil

Topo de linha da General Motors do Brasil, o Opala Gran Luxo. Nos detalhes, o aplique e o emblema da carroceria do modelo.

já trabalhava com protótipos de carroceria cupê de duas portas, com a capota puxada para trás tipo fastback, com um estilo muito mais agressivo. Havia um consenso de que essa seria a carroceria ideal para um esportivo, inclusive pelo pessoal da área de estilo, mas como o setor de manufatura ainda não estava pronto para fabricá-la, a empresa optou em lançá-lo inicialmente na versão sedã.

Em uma indústria muito limitada por causa do regime militar, a abertura das importações em alguns setores causou sensação. Uma delas foi a adoção da alavanca da caixa de mudanças no assoalho, colaboração da fornecedora de câmbios Clark, com quatro marchas. Os bancos dianteiros individuais não eram reclináveis, mas diminuíam a tendência ao escorregamento, típico do bench seat, nas curvas.

O conforto não era muito melhor, pois não havia grande reclinação. Obviamente, o carro levava um passageiro a menos, o que gerou comentários desfavoráveis de boa parte do mercado. Um conta-giros aparecia na mesma localização do relógio dos outros modelos e o relógio foi parar em um console que abrigava a alavanca de câmbio, entre o painel e o assoalho. O conta-giros era menor que os outros dois instrumentos. O volante tinha o aro recoberto de madeira, com três hastes de alumínio – tudo visto como "esportivo" –, e, no centro, o botão da buzina tinha as letras SS. Vinha com cinzeiro nas portas traseiras, fechadura no porta-luvas, lavador de para-brisa com bomba de pé e acendedor de cigarros. Como opcionais, como no resto da linha a partir do Luxo, havia desem-

baçador, alça no teto, trava na coluna de direção, rádio e lâmpadas no porta-malas e no porta-luvas.

De esportivo mesmo o carro tinha apenas uma melhor aceleração, por conta de uma relação de marchas mais reduzida, que aproveitava melhor o torque. A velocidade máxima era quase a mesma, 171 km/h, e os 100 km/h eram alcançados em 12,7 segundos, contra os 13,4 segundos do motor 3.800 cm^3. A exclusividade do câmbio logo terminou, por motivos comerciais. A aceleração e o desempenho do Opala motivavam muitos proprietários a encontrar esportividade nele, e o câmbio no assoalho com bancos individuais ficou "obrigatório" nas outras linhas, modificação fácil de fazer: bastava o comprador pedir na concessionária, que a encomendava à fábrica, com lucro garantido. O hábito de cobrar preços meio absurdos por opcionais, e que o comprador cego pelo desejo nem questionava, estava se firmando.

No dia 12 de agosto de 1971, foi fabricado o Opala de número 100.000. Durante esse o ano, 53.584 Opalas encontraram novos donos. Era o segundo absoluto em vendas, atrás apenas do *hors-concours* da Volkswagen, o carro-fenômeno que estava começando a ser chamado Fusca, com 133.239 veículos. O Opala entrava no gosto de comerciantes, políticos e milionários que não gostavam de ostentar.

Na página ao lado: a dianteira e a traseira do Opala SS. Nos detalhes, os apliques laterais.

1972 – O CUPÊ

Embora denominado na Europa pela Opel de cupê, tecnicamente o carro era um fastback com a traseira alongada em linha suave, com a vigia de trás e o porta-malas, um verdadeiro dois-volumes. O Rekord adotou-a em 1967, e alguns foram trazidos e mostrados "disfarçadamente", como era a prática da General Motors do Brasil, nas ruas de São Paulo e de São Caetano do Sul.

O cronograma de produção não permitia a introdução do modelo em 1971. Só em maio de 1971 os primeiros protótipos de montagem do cupê foram acabados e, no final do ano, com o modelo 1972, apareceu um desenho que foi qualificado como "muito belo" e logo se tornou objeto de desejo do comprador nacional. Parecia-se muito mais com um modelo esportivo. Uma de suas características era a linha chamada hardtop, ou conversível de capota, sem divisão visível por batentes na área envidraçada, que abrangia a porta e a janela traseira, quando os dois vidros estavam abaixados. Mesmo levantados, havia apenas uma linha sutil que os dividia, dando um efeito estético bem proporcionado. O hardtop era uma invenção americana da General Motors feita por Harley Earl para dar uma aparência de conversível, sem os problemas do conversível. O Impala 1955 adotou o mesmo estilo para modelos de duas e quatro portas que não possuíam a aparência de conversível, e o estilo agradou o público.

A candidata mais óbvia para essa nova carroceria era a linha esportiva, com o SS, que eliminava o ainda incongruente quatro-portas, mas também era oferecido para o Gran Luxo. Mais alguns meses, depois da comprovação do acerto, estendeu-se ao Especial e ao Luxo. Em termos de desempenho, o Especial de seis cilindros era melhor, pela diferença de peso, e continuou sendo preferido pelos pilotos de competição.

Suas duas portas eram bem amplas, para ajudar o acesso aos bancos traseiros. O encosto do banco dianteiro apresentava uma divisão para se tornar parcialmente

Dianteira e traseira do Opala Gran Luxo com a nova carroceria cupê de duas portas, com teto em estilo fastback.

rebatível, tudo na tentativa de ajudar o passageiro de trás alcançar seu assento. O fastback não era muito prático comparado ao três volumes, pois a janela era muito inclinada, colocada mais acima no teto e, por motivos estéticos e de custo, bastante diminuída em relação aos enormes vidros panorâmicos existentes de 1959 a 1964, prejudicava sensivelmente a visibilidade. A necessidade estética implicou uma coluna C extremamente ampla, realmente prejudicial nas manobras de estacionamento.

Mas o mercado de automóveis, movido pela paixão desejosa e pela moda, dificilmente pela racionalidade, adotou o cupê. Ficou durante quase dez anos vendendo muito mais que o três-volumes.

Os Gran Luxo nesse ano ganharam uma cinta estreita na lateral, abrangendo toda a extensão do carro, para diferenciá-lo dos outros modelos. Oferecia ainda aquecedor interno, muito apreciado nos estados do sul do país, conta-giros (opcional), e o emblema central da grade do mo-

SS cupê, com visual mais esportivo pelo novo formato da capota.

tor foi redesenhado. A partir desse ano, o motor 3.800 cm³ foi extinto em toda a linha Opala de seis cilindros, que passou a ser equipada com o 4.100 cm³.

O SS 1972 ganhou nova forração dos bancos e ofereceu uma pega do volante melhor. A manopla da alavanca de câmbio imitava o desenho Hurst, na cor preta, e, como novidade, todas as versões, desde que equipadas com motor de seis cilindros, podiam vir com ar-condicionado, inclusive o Opala Especial.

No restante da linha, praticamente tudo ficou igual aos anos anteriores, exceto pelo friso da caixa (abaixo das portas), que passou a vir com três filetes pretos (anteriormente era todo liso). O emblema da grade do motor, na versão Especial, foi substituída pela gravata da Chevrolet. As diferenças entre os modelos Especial, Luxo e Gran Luxo eram as mesmas, assim como a enorme quantidade de opcionais disponíveis para cada modelo, que pouco mudaram em relação a 1971.

O Rekord C, que deu origem ao Opala, foi substituído pelo Rekord D, cumprindo seu ciclo de cinco anos no mercado. Dentro da filosofia da General Motors mundial, a General Motors do Brasil apresentava uma ampla gama de opções para o mercado brasileiro: Especial de quatro cilindros sedã e cupê, Especial de seis cilindros sedã e cupê, Luxo de quatro cilindros sedã e cupê, Luxo de seis cilindros sedã e cupê, Gran Luxo de seis cilindros sedã e cupê, Gran Luxo de quatro cilindros sedã e cupê e SS de seis cilindros cupê.

Havia duas opções de caixa de marchas manuais: três marchas com a alavanca na direção, posição então entendida como universal, ou quatro marchas, com a alavanca no chão; além de uma novidade para esse ano, o câmbio automático, derivado dos velhos Powerglyde da Chevrolet, desenvolvido pela divisão General Motors Holden, que passou a ser oferecido, como opcional, para toda a linha Opala, desde que equipados com motor de seis cilindros. O Opala entrava de vez no mercado de luxo, competindo de modo mais direto com o Ford LTD e com o Dodge Dart.

A General Motors do Brasil só via aumentar a aceitação do Opala: 64.856 unidades vendidas, um aumento de 23 por cento em relação ao ano anterior. Mais uma vez, foi o segundo carro mais vendido no Brasil, atrás apenas do Fusca.

Modelo Especial de quatro portas.

1973 – COMEÇA A CONCORRÊNCIA

Desde o segundo semestre de 1972, o Opala já apresentava a linha 1973 com poucas novidades. A grade dianteira foi redesenhada. As luzes direcionais passaram a fazer parte do conjunto, sendo instaladas nas extremidades dos para-lamas, com lentes brancas (cristal). Além disso, havia nove cores novas, inclusive cinco em tons metálicos. Nesse ano, o Gran Luxo passou a ser oferecido somente na versão seis-cilindros, e o quatro-cilindros não constava nem como opcional.

O Especial tinha uma grade mais simplificada, com a gravata Chevrolet ao centro. Já no modelo SS, além da grade redesenhada, o emblema SS, que era aplicado no centro, passou para a extremidade (do lado do motorista), ganhando a companhia do letreiro Chevrolet. As faixas decorativas pretas aplicadas na carroceria permaneceram inalteradas. Por dentro, o SS ganhou bancos com novos desenhos e reclináveis (melhoria válida para toda a linha como opcional).

A partir de 1973, nas versões Luxo e Gran Luxo, as luzes de ré foram aumentadas e colocadas no conjunto das lanternas traseiras, retangulares, contornadas por uma faixa pintada de cor prata, com dois delicados frisos cromados e paralelos. O SS não recebeu essa melhoria, com as luzes continuando no mesmo lugar do ano anterior. Já no Especial, como sempre, a luz de ré nem existia.

O ano de 1973 também marcou o adeus às elegantes supercalotas. Quase todos os Opalas, exceto o SS, tinham calota do mesmo tamanho, mais próximas das do Especial, de alumínio inoxidável e centro pintado de preto (modelo Luxo) com aplique azul e prata (Gran Luxo), igual ao dos modelos dos dois anos anteriores.

Internamente algumas novidades: as versões Luxo e Gran Luxo ganharam novo volante, ficando mais de acordo com o gosto americano, como o do Chevrolet Impala: levemente ovalado, com dois raios maiores e botões retangulares nas extremidades para o acionamento da buzina.

Modelo Luxo 1973, com calotas simplificadas e a grade dianteira redesenhada, com o pisca-pisca instalado na ponta.

No alto, o Opala Gran Luxo, que perdeu as supercalotas. Acima, à esquerda: a traseira do Gran Luxo, com a luz de ré reposicionada ao lado da lanterna. Acima, no centro: o painel e o novo volante do Gran Luxo. Acima, à direita: a frente do modelo Especial.

O painel recebeu pequenas modificações cosméticas, mas nenhum redesenho importante. No Luxo e no Gran Luxo ganhou molduras dos quadrangulares e mais salientes, além de detalhes na cor prata. Essas mudanças não ocorreram no modelo Especial. Alguns dos acessórios opcionais oferecidos eram vidros verdes (ainda chamados de Ray-Ban, como os óculos), que melhoravam a temperatura interna e diminuíam os reflexos, e espelho retrovisor interno com duas posições, para não ficar ofuscado pelos faróis altos dos carros que vinham atrás.

No SS, o novo painel era totalmente preto, cor que costumava ser vista, ao mesmo tempo, como esportiva e simples, se aplicada ao Especial. O conta-giros, antes enfiado no lugar do relógio, assumiu uma posição mais de acordo com sua função, instalado do lado esquerdo, ganhando visibilidade, ficando ao centro os marcadores de combustível e de temperatura (de diâmetro menor). O velocímetro continuava do lado direito.

As novidades mecânicas, antes aplicadas como opcionais, foram incorporadas à produção normal, com aumento de preço: freio a disco – mais seguro –, nas rodas dianteiras e servo-freio nas versões de seis cilindros. O câmbio de quatro marchas com alavanca no assoalho continuava como opcional, exceto no SS, em que era de linha. Também nos modelos de seis cilindros, outro opcional era o câmbio automático.

A General Motors do Brasil teve o cuidado de colocar as opções para o comprador de modo claro, comparando-as em fichas informativas com os equipamentos de série. Infelizmente, obrigava os concessionários a manter cotas em relação aos modelos menos procurados, cheios de acessórios. Alguma melhoria nos serviços telefônicos fez com que as pessoas tentassem descobrir onde estava determinado carro antes de ir à concessionária, o que foi contraproducente, pois diminuiu o movimento nos show-rooms.

O Opala prosseguia sua carreira vencedora no mercado, pela vantagem em custo/benefício: 66.924 unidades vendidas em 1972, melhor ano do "milagre econômico" brasileiro.

Nesse ano a Ford lançou no mercado o primeiro concorrente direto do Opala, o Maverick, equipado com o antigo motor de seis cilindros herdado do Itamaraty. O Opala, no entanto, tinha algumas vantagens mercadológicas, como a opção de motor de quatro cilindros, maior experiência no mercado brasileiro e maior gama de opções à escolha do consumidor. Já o Maverick tinha ao seu favor a novidade e, também, a qualidade: o Galaxie, seu irmão mais velho, era um excelente argumento de vendas.

O fato de a General Motors do Brasil disponibilizar o motor de quatro cilindros para o Opala nunca foi tão acertada: a partir desse ano o mundo passou a conhecer a crise do petróleo, e a gasolina passou a ser um produto cada vez mais caro e escasso. A economia de combustível passou a ser vital.

1974 – ADAPTAÇÕES À CRISE

Com a crise do petróleo, era difícil para a indústria automobilística lançar novos modelos ao mesmo tempo. A situação exigia que os concorrentes dentro de uma mesma faixa de mercado esperassem com atenção e paciência. Não estava muito claro o comportamento do Opala frente ao Maverick. Era pouco tempo para ver o quanto poderia ser assimilado, principalmente com a reviravolta causada pelo aumento de preços do petróleo pela Organização dos Países Exportadores de Petróleo (Opep). Filas nos postos de gasolina formavam-se nos países desenvolvidos e, da mesma ma-

O SS de quatro cilindros, com o para-choque, a traseira e outras grandes áreas pintadas em preto fosco, além do emblema SS-4 espalhado pela carroceria.

neira, isso acontecia no Brasil, onde a crise atingia fortemente toda a linha Maverick, de seis e de oito cilindros, e o Opala de seis cilindros, além do Galaxie e do Charger.

Para a engenharia de automóveis, o termo "motor quadrado" é quando o diâmetro dos cilindros é igual ao curso dos pistões. Quando o diâmetro é maior que o curso, o motor se chama superquadrado: o diâmetro dos cilindros aumentou de 98,4 mm para 101,6 mm, e o curso dos pistões reduziu-se de 82,5 mm para 76,2 mm, resultando em uma cilindrada de 2.474 cm^3, contra 2.507 cm^3 antes. A denominação, até então interna à fábrica, passou a ser usada externamente: agora o consumidor sabia que o motor 153 se tornara 151, usando as medidas originais de cilindrada em polegadas cúbicas; a potência subiu de 80 para 90 cv (SAE). A medida garantiu mais suavidade ao quatro-cilindros de grande cilindrada, conhecido por suas vibrações e desequilíbrios de massas internas. O de seis cilindros de 4.100 cm^3 passou a ser chamado 250 (polegadas cúbicas).

Alguém na General Motors do Brasil encontrou uma alternativa para a súbita parada de encomendas do seis-cilindros, em razão do encarecimento do combustível na época pré-álcool, e decidiu disponibilizar o motor de quatro cilindros também para o esportivo SS.

O SS-4 diferia do SS-6: sua grade era igual à do modelo Especial, com friso cromado, com a gravata da Chevrolet no centro, que pela primeira vez vinha na cor vermelha. Não se pode dizer que havia detalhes pretos; a pintura do carro é que ficou candidata a detalhes. Não havia nada de colorido no capô dianteiro, que lembrava uma chapa recoberta de algum derivado de petróleo, totalmente preto

O interior do SS-4 vinha sem console central; e sua direção, assim como a do SS-6, vinha com três furos nos raios metálicos.

fosco. O mesmo ocorria com a grade sob o para-brisa e a traseira, e também os para-choques, limpadores de para-brisa e o suporte do espelho retrovisor externo. Logotipos em esmalte ou cromados começavam a ser substituídos por plásticos impressos autocolantes, pouco duráveis, tendo o SS-4, no para-lama dianteiro, perto da porta, um bem visível logotipo "SS-4". As pequenas lanternas de ré abaixo do para-choque continuaram. Ao lado da lanterna direita e no capô dianteiro, à esquerda, havia logotipos de metal com o SS-4. Aqueles eram tempos de cores muito vistosas e o SS-4 podia vir, nas partes que não eram pretas, nas cores caju, vermelho e verde, todas muito berrantes. As luzes direcionais eram cor âmbar (em todos os outros, eram brancas) e a tampa do combustível, sem chave, era preta, como no Especial.

Nas rodas do SS-4, o contorno dos aros era preto fosco (no SS-6 vinha na cor prata). O interior era igualmente simplificado, sem o console central, com carpete de borracha. Os bancos dianteiros eram individuais e reclináveis, e havia mais uma economia esquisita: o encosto do banco tinha menor altura, que acabou diminuindo a sensação um tanto claustrofóbica que perturbava os passageiros de trás, melhorando – não só na aparência, mas realmente – a impressão visual de espaço interior. Tanto o SS-4 quanto o SS-6 tinham bancos com gomos mais largos e raios metálicos do volante de direção com três furos.

O carro ganhou uma atenção especial no motor: carburador duplo, coletor de admissão de alumínio, com entradas individuais para cada cilindro, 8 cv a mais, recebendo a denominação de 151-S, com velocidade máxima de 156 km/h. O carburador de duplo corpo de ação progressiva funcionava como carburador único no intervalo de 80 a 100 km/h, como se fosse um primeiro estágio. A partir daí, entrava em ação o segundo corpo, alimentando melhor o motor. O carro consumia um pouco menos em velocidades mais baixas.

No SS-6, havia faixas mais largas, paralelas e horizontais, pintadas abaixo das maçanetas das portas, em toda a extensão do carro. O SS na frente e a palavra "Opala" atrás eram pintados de branco, contornados por um filete preto. O logotipo "4100" na parte inferior dos para-lamas diantei-

Opala SS-6, com faixas e pinturas das rodas diferente da do SS-4 e para-choque cromado. Embaixo, à direita: o modelo Especial.

ros inspirava respeito pelo dono do carro, quase junto do pequeno para-choque envolvente, de metal cromado e esmalte azul, idêntico ao que vinha desde 1971 nos modelos Especial, Luxo e Gran Luxo.

O Gran Luxo perdeu o nome Opala, chamando-se oficialmente de Chevrolet Gran Luxo. Como sempre, houve apelo na pintura da grade e nos padrões de estofamento para diferenciá-lo do 1973 e dos outros modelos. Tinha agora um regulador de intensidade de luz no painel de instrumentos de série, falta inadmissível nos anos anteriores para um modelo que pretendia concorrer com o Ford Galaxie.

No Luxo, os bancos eram mais lisos em relação ao modelo anterior, parecidos com os da Veraneio. E ele podia vir, opcionalmente, com aquecimento interno e regulador de intensidade da luz do painel de instrumentos.

O Especial tinha bancos na cor grafite-brilhante, larga faixa preta no centro do encosto e do assento, com painel e volante idênticos aos do Luxo e do Gran Luxo, só que sem detalhes prata. A luz de ré era de série (antes, não vinha nem como opcional), o lavador de para-brisa era acionado por bomba de pé, havia para-sol do lado direito, cinzeiro no painel da porta traseira (no sedã) ou no painel traseiro (no cupê) e tampão do tanque de gasolina com chave, o que deu um aspecto menos pobre, assim como frisos cromados na borracha do para-brisa e no vidro traseiro.

Os equipamentos opcionais, que eram apenas para os carros mais caros, passaram a ser uma necessidade. As lojas de varejo viraram de atacado e o consumidor podia ter, como novidade, modelos de quatro cilindros com câmbio automático e alavanca seletora no assoalho mesmo na versão Especial. Lentamente, outros problemas de qualidade foram sendo resolvidos: a suspensão dianteira foi recalibrada, diminuindo os movimentos laterais adventícios que davam a sensação de instabilidade; o eixo traseiro foi reforçado, colocou-se duplo circuito no sistema de freios, uma segurança a mais em caso de falha no sistema hidráulico principal. Os sinalizadores intermitentes de advertência em paradas urgentes, em estradas ou ruas de movimento, tornaram-se obrigatórios e logo foram chamados de pisca-alerta. Definitivamente, o Opala 1974 possuía uma direção mais segura, seja em comparação com os anos anteriores, seja em relação a outras ofertas.

No final de 1974, a General Motors do Brasil lançou a versão mais apimentada também na versão de seis cilindros, o 250-S, produzida durante quase dez anos. Na realidade, esse motor foi preparado inicialmente para corridas e nasceu por iniciativa dos pilotos Bob Sharp e Jan Balder, que, na época, corriam com um Opala de seis cilindros na divisão 1, classe C, da qual participavam também o Dodge Dart (5.200 cm^3), o Ford Galaxie (4.800 cm^3) e o novo Maverick GT V-8 (4.942 cm^3). Nessa categoria automobilística, os carros eram do tipo turismo de série, com pouca preparação e, como se pode perceber, o seis cilindros normal do Opala (4.100 cm^3) não era páreo para os poderosos V-8 dos seus adversários. Isso motivou Jan e Bob a contatar a General Motors do Brasil para informar da necessidade de aumentar a potência do motor Opala. A fábrica de São Caetano do Sul escutou-os, principalmente pela notoriedade que os dois pilotos haviam conquistado por correr com o Chevrolet, conseguindo bons resultados, apesar das limitações mecânicas (o motor).

Na ocasião, o engenheiro Roberto Beccardi era o gerente da engenharia experimental de motores, e vinha desenvolvendo, a título de pesquisa em sua área, um motor 4.100 mais forte. Bob trazia a informação, orientado pelo grande amigo e profundo estudioso dos regulamentos internacionais, Clóvis Maia de Mendonça Jr., que seria possível que a fábrica homologasse uma variante opcional para o Opala 4.100 em forma de motor de mesma cilindrada, porém com mais potência. A General Motors do Brasil, então, aprovou o plano e, em maio, Bob recebeu uma carta da empresa informando que o motor 250-S estava disponível para a linha Opala, como opcional. Era a primeira vez que aparecia essa denominação para o Opala, e o número 250 resultava da conversão de 4.100 cm^3 para polegadas cúbicas de cilindrada, a unidade usada nos Estados Unidos. O S significava super.

De posse dessa preciosa informação, Bob requereu a homologação à Confederação Brasileira de Automobilismo (CBA), que foi imediatamente concedida com base nos regulamentos internacionais estabelecidos pela Federação Internacional do Automóvel (FIA). Um grande amigo de Bob, José Carlos Ramos, que era o dono do Opala laranja que iria participar das 25 Horas de Interlagos, já havia comprado o Opala com motor 250-S. O carro era vermelho e muito chamativo. Jan Balder, logo em seguida, dividiu a compra do segundo, da mesma cor, com seu amigo e também piloto Fausto Dabbur. Vale notar que a General Motors do Brasil tinha uma política de venda de carros para pilotos diretamente da fábrica, com grande desconto.

Comparado com o Opala 4100 usual, o modelo 250-S era muito rápido. A potência passara de 118 cv para 153 cv, com um ganho de 30 por cento (em termos de potência líquida). As melhorias que levaram ao resultado foram diversas: o carburador passou a ser de corpo duplo, enquanto o comando de válvulas tinha duração bem maior e formava conjunto com tuchos de válvulas mecânicos em vez de hidráulicos; o volante do motor era mais leve do que o do motor de quatro cilindros e o ventilador do radiador possuía quatro pás, contra seis do motor 4100; a taxa de compressão passou de 7:1 para 8,5:1, o que obrigava o uso da gasolina de maior octanagem disponível nos postos; o diferencial era de deslizamento limitado, como o do Opala SS.

A rotação de potência máxima passava de 4.000 rpm para 5.400 rpm, o que significava um motor totalmente diferente de se pilotar. Chegava-se a trocar de marcha a 5.800 rpm, com o motor cheio e ávido por andar. Com 153 cv, havia uma vantagem de 13 cv sobre o V-8 do Maverick que, combinado ao menor peso do Opala – cerca de 200 kg menos – assegurava a supremacia do Chevrolet em qualquer circuito.

1975 – A PERUA CARAVAN

Em seu cinquentenário, a General Motors do Brasil apresentou um Opala que hoje, mais de trinta anos depois, o colecionador gosta de chamar Opala de "terceira geração", inspirado nas manias do momento.

Era uma época de cuidados com mais segurança rodoviária, e a abertura do capô dianteiro foi invertida. Houve alguma controvérsia a respeito da melhora no acesso aos componentes do motor: uns o achavam melhor, outros pior e outros ainda não achavam nem um, nem outro. Mais realístico seria observar que isso dependia do componente, das habilidades e da genética do mecânico, destro ou canhoto.

Uma modificação mais profunda foi feita na grade dianteira, como é natural, uma vez que ela foi inventada como elemento estilístico. Inspirada nos projetos do diretor de estilo da General Motors, Bill Mitchell, situava a grade decorativa numa posição mais avançada em relação aos faróis, com molduras maiores, que permitiam a entrada de ar no radiador e no motor, lembrando desenhos mais antigos, da década de 1930, com os próprios radiadores avançados em relação aos faróis, coisa pela qual Mitchell tinha verdadeira fixação. Nos modelos americanos, as grades eram vincadas e dobradas em ângulo, e no Opala isso era apenas sugerido, com frisos e divisões que se acompanhavam sutilmente pelo relevo do capô.

As luzes direcionais dianteiras continuavam na mesma posição, mas tornaram-se duplas, contornadas por um friso cromado. As duas partes, de cima e de baixo, separavam-se por um friso pintado na cor do carro. Os desenhos originais vinham de Detroit e foram aplicados, com variações, a todas as ofertas mundiais da General Motors.

Os para-choques foram redesenhados, sendo formados por uma lâmina inteiriça. Novas calotas exaltavam a gravatinha Chevrolet no centro. Os painéis traseiros seguiam a angulação dianteira, mas no sentido da largura, com apenas uma sutil inclinação para fora na parte inferior. As lanternas traseiras eram marca registrada da Chevrolet, e foram usadas desde 1958 (embora interrompida em 1959), a partir do Biscayne, e repetidas no Corvair e em outros. O Impala apresentava conjunto semelhante, mas com três lanternas e não duas, de cada lado. Eram circulares, ocupando boa parte do painel; as laterais abrigavam as luzes direcionais e de freio, mantendo-se acesas permanentemente durante a noite. As lanternas centrais tinham uma película refletiva e, internamente, luz de ré, branca.

Por dentro, o mesmo painel antigo foi acolchoado com uma peça externa de plástico injetado, com função real de segurança em caso de acidentes, e formava ainda um defletor sobre os instrumentos de medição. Modificações na grafia tentavam disfarçar que se tratava do mesmo mostrador circular que reunia marcador de combustível, de temperatura da água do motor, luz-testemunha de pressão de óleo, de carga do alternador, de facho de farol alto e de indicador de direção. Do lado direito, o velocímetro do mesmo tamanho, com escala até 180 km/h, incluía ainda hodômetro totalizador. Na parte central, entre os dois mostradores circulares, estava o lugar em que poderia ser instalado um relógio elétrico de horas. A grafia incluía a cor dos ponteiros em laranja, cor da moda na época, melhorando sua visibilidade.

Como o painel era basicamente o mesmo, permaneciam as duas saídas de ar laterais. Uma alavanca abaixo do painel de instrumentos desviava o fluxo, tornando-o coadjuvante como desembaçador, para os ocupantes ou para baixo. O porta-luvas, anteriormente convexo, com tampa de metal, agora era ressaltado e em ângulo reto, igualmente por causa da peça de plástico. Visualmente, dava boa impressão de renovação. Na lateral traseira, junto ao banco, havia um cinzeiro. Todos os carros da linha eram equipados com acendedor de cigarros com luz, para facilitar o uso noturno. Havia novo desenho do volante, com a parte central mais grossa, e persistiam dois botões para acionamento da buzina.

A linha 1975 passou por uma grande reestilização: nova frente e nova traseira com quatro lanternas redondas.

O Opala 250-S ficou fazendo parte da linha pela adoção, em série, do carburador de duplo corpo e do coletor de admissão feito em alumínio. A potência passou de 140 cv para 148 cv, e o afogador era automático. Em 1968, o Ford Corcel havia introduzido o radiador selado para o consumidor nacional. A contínua renovação da base Opala exigiu um cálculo para esse desenvolvimento, com seus obrigatórios vasos de expansão e reservatório externo de plástico. Um alternador de 32 A substituiu o dínamo. Freios a disco nas rodas dianteiras e barra estabilizadora traseira finalmente eram itens de série, e não mais opcionais. Por tradição, os nacionais da General Motors do Brasil tinham maior utilidade e a irresistível denominação nova para velhos modelos.

O modelo básico, denominado "de entrada", vinha com duas e quatro portas, com quatro e seis cilindros, substituindo os modelos Especial e Luxo. Oferecia ampla faixa de preços por causa dos opcionais. Normalmente era escolhido com quatro cilindros, sempre com 90 cv. Os itens de série eram acendedor de cigarros, limpador de para-brisa com duas velocidades, revestimento no assoalho do porta-malas, para-sol do lado direito, lampejador de facho alto na alavanca do indicador de direção, sinalizador inter-

Comodoro cupê, com o inédito meio teto de vinil, tipo Las Vegas.

mitente de advertência e descanso para braços nas laterais (que serviam também para puxar as portas), tampa do tanque de combustível com chave e cinzeiro para os passageiros do banco de trás.

Como opcionais, havia direção hidráulica (para o seis-cilindros), servo-freio, câmbio de quatro marchas com alavanca de mudanças no assoalho, câmbio automático com seletor na coluna ou no chão, bancos individuais e reclináveis (com encosto alto ou não) com regulagem milimétrica que substituía o antigo sistema de catracas, ar-condicionado (também no seis-cilindros), aquecedor e desembaçador, console com relógio elétrico, rádio AM/FM, assoalho acarpetado, conta-giros, pneus largos, farol de neblina, farol de halogênio e pintura metálica.

O Chevrolet Comodoro vinha para substituir o Chevrolet Gran Luxo (sem a denominação Opala), como na Alemanha, onde o nome Rekord era retirado das séries superiores. Vinha apenas com o motor de seis cilindros, cupê e sedã, com pinturas metálicas. A General Motors do Brasil esperava que o Comodoro atraísse compradores do Dodge e do Galaxie, pois tinha a vantagem do preço, e conseguiu. Possuía opções que eram moda nos Estados Unidos, como o cobertura de vinil que cobria todo o teto, no modelo quatro portas, ou apenas metade do teto, em estilo Landau, no duas-portas. A ampla moldura dos faróis tinha a cor do carro. A palavra "Chevrolet" ocupava toda a frente do capô e o para-choque vinha com uma faixa protetora de borracha e um exclusivo logotipo "C" (de Comodoro) nas laterais. Frisos contornavam a abertura das rodas e a grade dianteira tinha frisos prateados em maior número, formando três fileiras de pequenos retângulos.

O carro vinha com bancos individuais reclináveis, com uma recém-lançada regulagem milimétrica. Havia apoio para a cabeça e coluna cervical e também opção para bancos baixos, ambos com forração de jersey, permitindo boa ventilação. O painel de instrumentos tinha revestimento de plástico que imitava madeira, aplicado ainda na parte central do volante de direção. Assoalho e porta-malas eram acarpe-

Dianteira do Comodoro, com grade mais bem trabalhada, aro do farol da cor da carroceria e letreiro Chevrolet na frente do capô.

tados com buclê de náilon, e os painéis internos das portas eram revestidos com o mesmo material dos bancos, com grandes retângulos feitos com frisos cromados, luz de cortesia nas portas e de iluminação no compartimento do motor, no porta-malas e no porta-luvas. O espelho retrovisor interno era do tipo dia/noite.

O centro da calota era codificado pela cor do carro, com o símbolo da Chevrolet cromado. A beleza era completada com um sobrearo de aço inoxidável, preso nas bordas da roda. A direção hidráulica e o câmbio de quatro marchas com alavanca no assoalho eram itens de série (opcionais nos outros modelos). Como opcional, a General Motors do Brasil oferecia ar-condicionado e câmbio automático. Todos os carros tinham uma plaqueta que permitia a gravação das iniciais do nome do proprietário. O proprietário do carro ou o motorista eram presenteados com um melhor tratamento acústico.

O Opala SS vinha com novas faixas laterais, a de trás em forma de asa, inspirada no Pontiac Trans-Am, dividida em quatro partes. O capô do motor era preto fosco, filetado lateralmente também em preto, abaixo dos para-choques. Desapareceram as diferenças cosméticas entre o SS-4 e o SS-6, com exceção dos sutis adesivos laterais, próximo ao batente dianteiro das portas, com os dizeres SS-4 ou SS-6, que ainda recebiam o numeral 4100 metálico na extremidade próxima do para-lama e na pintura das rodas.

As grades eram igualmente pretas, quadriculadas, com elementos em cinza-prata, e o dístico SS central em vermelho. As molduras dos faróis eram sempre pretas. Atrás, havia a tampa do bocal do combustível com o dístico SS em relevo. Os Opalas tinham

Protótipo do Opala SS, com sua inconfundível faixa no para-lama.

A nova Caravan foi uma das maiores atrações do Salão do Automóvel de 1974.

trocado o comportamento de "rumbeira maluca" pelo de "sambista meio descoordenado", recomendando ainda maiores modificações na suspensão, que ficou mais dura. O SS-4 era equipado com o motor 151-S de 98 cv. O Opala 250-S era disponível, mas de modo limitado, no SS-6, que, de qualquer modo, já vinha com carburador-duplo e com o novo duto de admissão.

Os opcionais para o SS e também para toda a linha eram os faróis de neblina retangulares, abaixo do para-choque ou acima, alinhados aos faróis normais; ou faróis de longo alcance, circulares, nas mesmas localizações. Alguns proprietários, inspirados nos carros de rali, usavam os dois conjuntos simultaneamente. Os vidros verdes contracenavam bem com as cores vivas, principalmente do SS.

A maior novidade da General Motors do Brasil foi a criação da versão perua do Opala, chamada de Caravan. Apresentada no Salão do Automóvel de 1974, agradou imediatamente boa parte do público, sedento de novas opções, principalmente nesse mercado. As quatro lanternas redondas, inspiradas no Chevrolet Biscayne, no Corvair e no Corvette, eram mais lateralizadas que as do Opala.

A Rekord Car-A-Van alemã oferecia versões de três e de cinco portas, mas a nacional teve de se contentar com três até o fim de seus dias. Era um dos veículos mais úteis do país: 774 litros cabiam no porta-malas, com o banco traseiro levantado, e 1.460 litros quando se levavam dois passageiros, com o banco traseiro rebatido. A Chevrolet Opala Caravan já incorporava todas as mudanças da linha Opala. Embora o mercado de peruas parecesse sólido, ainda era mínimo segundo os padrões internacionais, menor do que o dos sedãs. A Variant parecia apenas uma exceção, vendendo mais que o TL, mas tanto o finado DKW-Vemag quanto a Belina indicavam a limitação do mercado.

A porta traseira podia ser destrancada pelo interior, acionando-se uma maçaneta junto à fechadura, sob uma coberta de borracha, um tanto mal-acabadas. Essa porta alcançava a altura do para-choque, oferecendo carga e descarga no mesmo nível do assoalho, uma boa vantagem. O desenho americano de station-wagon era longo. Pela presença da porta e de outras características que determinaram um novo tanque de combustível, a abertura para a tubulação de entrada foi desviada para o para-lama traseiro esquerdo. A tampa era cromada, com chave, e o logotipo "Caravan" aparecia nas duas extremidades distais do para-lama. A Caravan dispunha de assistência hidráulica ao freio (servo) como equipamento de série, que era opcional para o resto da linha. Chapas de aço finas aplicadas em grandes dimensões, como as utilizadas para fechamento de carrocerias automotivas, principalmente no teto, demandavam reforços. O modo mais econômico, para evitar torções, era o corrugamento da chapa, longitudinalmente. Sobre o grande teto, um bagageiro opcional de alumínio podia aumentar a utilidade do conjunto.

Os motores que equipavam a Caravan eram quase os mesmos do Opala e do Comodoro: o 151, de quatro cilindros e 90 cv, e o 250, de seis cilindros e 148 cv; apenas as versões S ainda não eram oferecidas. Os acessórios opcionais eram caros e geralmente vinham embutidos, mesmo que os compradores não os quisessem: batentes de borracha nos para-choques, frisos cromados nas borrachas dos vidros, desembaçador e aquecedor, rádio de três faixas, bancos dianteiros individuais e reclináveis (com ou sem encosto alto), luz no porta-luvas, câmbio de quatro marchas com alavanca no assoalho, ar-condicionado (somente para o seis cilindros), console central, farol de milha e câmbio automático. Usando-se vários desses opcionais, a Caravan era definitivamente um carro de luxo, ganhando frisos cromados que percorriam todo o recorte do para-lama, ligados a uma moldura larga com frisos pretos logo abaixo das portas, e forrações no porta-malas.

1976 – O CARRO DO ANO

Os Opalas 1976 representavam vantagens reais para o consumidor em relação aos de 1975. Os métodos produtivos, principalmente o controle de qualidade, estavam sendo revistos. A partir desse ano, a General Motors do Brasil começou a ganhar elogios pelo acabamento do carro. As mudanças mais visíveis abrangiam o interior do automóvel e o motor, mas as mudanças invisíveis davam mais prazer e valor aos veículos. Os Opalas, depois de 20.000 quilômetros, apresentavam muitas folgas, ruídos e "grilos", e a partir de 1976 aguentavam pelo menos o dobro de quilometragem sem dar trabalho aos donos mais exigentes. Acabava, também, a mesmice de mudanças de grades etc.

Quanto ao interior do veículo, a época monocromática estava se iniciando, com o detalhe *ton sur ton* na escolha e na aplicação de cores. Na prática, falava-se de tons de preto ou de marrom no painel, acompanhando, em valores *colour coded,* a tonalidade do estofamento e dos eventuais carpetes. O plástico vinílico dos estofamentos foi cedendo lugar aos tecidos, novidade da TDB, confeccionados em cotelê, que dava uma aparência felpuda, logo chamados "bancos de veludo".

Em relação ao motor, os engenheiros da General Motors do Brasil decidiram implantar o aumento da taxa de compressão, de 7,5:1 para 8,0:1, recomendando uma proporção de 20 por cento de gasolina de maior octanagem (na época, em torno de 80 octanas), a "azul", com 80 por cento de gasolina comum (em torno de 70 octanas), a "amarela". A eficiência da gasolina de octanagem maior compensava plenamente sua diferença no preço; submetia o motor a menos castigos, como a "batida de pinos" (explosões extemporâneas e não sincronizadas). A diferença no desempenho restringia-se ao consumo, mas não se estendia à velocidade e à aceleração. As opções de motores, que já incluíam o 250-S, passaram a contemplar o 151-S em quase toda a linha, inclusive na Caravan.

As pessoas encarregadas do estilo do SS pareceram não tolerar a repetição da

Comodoro 1976, mostrando que a linha Opala praticamente não teve mudanças em relação ao ano anterior.

O SS-4 diferenciava-se do SS-6 pelos adesivos no para-lama e pela pintura das rodas. Embaixo, à direita: o polêmico letreiro OPALA abaixo do vidro traseiro das primeiras unidades do SS 1976.

mesmice, e perpetraram faixas em preto fosco que cobriam o baixo relevo lateral inferior e dobras dos recortes dos para--lamas, formando um filete. Foram eliminadas as faixas na parte superior dos para--lamas traseiros em formato de asas.

As várias partes descritas adiante devem ter feito o fabricante de tinta preta fosca feliz: no capô dianteiro, havia duas largas faixas longitudinais pretas, circundadas por um friso branco, coisa que deixou torcedores do Corinthians, do São Paulo e do Vasco da Gama alegres, levantando suspeitas a respeito da influência secreta de seus clubes no estilo da General Motors do Brasil. A grade dianteira externa vinha sem os filetes prateados horizontais e verticais do ano anterior. Adesivos laterais de identificação simplificados foram aplicados, ressaltando em vermelho o número de cilindros (quatro ou seis). O dístico SS branco vinha em fundo preto, como as saias inferiores, dianteira e traseira.

E mais ainda: uma faixa preta estava abaixo da vigia traseira, ocupando sua largura, com um enorme letreiro Opala (em branco). A General Motors do Brasil teve de abandonar esse desenho meses depois. Boa parte dos interessados se recusava a comprar o carro assim ou providenciava sua retirada antes mesmo de sair da concessionária. Como as várias opções do carro disponíveis nessa época criaram um problema para o restaurador, talvez seja impossível encontrar um carro com esse aplique na traseira. Para o restaurador da versão quatro-cilindros, um alívio: as rodas mantinham o mesmo desenho anterior, mas totalmente em cinza-prata!

1977 – OVER

Uma tentativa de tornar o Opala menos gastador ensejou dois convites a um maior envolvimento do motorista. Os mais inclinados à técnica gostaram; o motorista médio reagiu do desprezo ao enfado: o overdrive e o "econômetro".

O nome "overdrive" (ôver'dráive) significa, em inglês, "além de drive". "Drive" é a forma simplificada de dizer "direct drive", "tomada (de força) direta", em português. Vale dizer que num câmbio que tem a última marcha direta, caso dos câmbios de três e de quatro marchas do Opala, ela é a ligação direta, através do câmbio, do motor com o cardã e deste com as rodas traseiras motrizes. Não há atuação de engrenagem do câmbio quando o Opala está com a última marcha engatada, seja no câmbio de três ou quatro marchas.

Overdrive é tanto físico quanto conceito. Físico é quando a árvore de saída do câmbio gira mais rapidamente que o motor, conseguido mediante engrenagem. Por exemplo, quando a última marcha tem relação 0,80:1 e o motor está a 5.000 rpm, sai do câmbio 6.250 rpm. Se a marcha anterior é direta (1:1) e a velocidade do carro for a mesma, em vez de o motor girar a 5.000 rpm, vai girar a 4.000 rpm. Qual o resultado disso? Como potência depende de aceleração e rotação, e como uma dada velocidade exige um tanto de potência, com a marcha overdrive e a rotação menor será preciso abrir mais o acelerador, ficando o motor em situação mais favorável para consumir menos combustível. Já overdrive-conceito é uma situação em que a rotação do motor cai tanto que a força de tração do veículo em quilogramas-força não é suficiente para vencer a resistência do ar e o carro não consegue atingir a velocidade que o motor teoricamente possibilita.

Um conhecido recurso dos engenheiros, que remonta aos anos 1930, é adicionar uma pequena caixa multiplicadora de rotação, chamada overdrive, à transmissão do carro, de modo a reduzir a rotação do motor e com isso baixar o consumo de combustível, como visto. Essa pequena caixa entra em ação por comando do motorista, geralmente de acionamento elétrico, havendo para isso um interruptor no painel. Assim, depois de engatar a última marcha do câmbio, o motorista podia pôr o overdrive em ação. É uma marcha suplementar, no sentido estrito, e ela pode ser associada a quantas marchas do câmbio normal se desejar, determinada pelo fabricante do veículo. O Chevrolet Corvette, da General Motors, por exemplo, em sua quarta geração tinha câmbio manual de quatro marchas com overdrive na segunda, na terceira e na quarta.

Os engenheiros da General Motors do Brasil evidentemente conheciam o conceito overdrive para a economia de combustível e, com o preços dos combustíveis em alta e os postos fechados nos fins de semana, em decorrência da crise do petróleo iniciada em 1973, aplicaram o conceito no Opala por meio de inteligente solução, que era oferecida como opção ao câmbio de quatro marchas normal. Valendo-se da excepcional elasticidade do motor 4100 de seis cilindros, desenvolveram um câmbio de quatro marchas com quarta overdrive, em que a primeira, a segunda e a terceira eram as mesmas marchas do câmbio de três marchas e a quarta com relação 0,86:1. Portanto, tratava-se de overdrive tanto física quanto conceitualmente, já que velocidade máxima era atingida em terceira. O brilhantismo da solução foi o artifício de "enganar" o câmbio, no sentido de, ao se passar à quarta, o engate interno era na verdade a terceira, mas com relação 0,86:1 em vez da terceira normal 1,39:1. Mas a solução não agradou, a maioria achou a quarta "fraca", pois exigia reduzir para terceira à menor subida.

Já o econômetro nada mais era do que um vacuômetro com escala indicando condução econômica. O vacuômetro era um instrumento dos mais simples: ele apenas media o vácuo no coletor de admissão por meio de uma fina mangueira de borracha que ligava o coletor ao instrumento no painel. Quando o acelerador está fechado o vácuo é máximo; com acelerador todo aberto, zero. A escala era feita de tal forma que quando o ponteiro do econômetro saía da faixa indicada como Economia, o motorista deveria passar para a marcha superior. Mas também não agradou, era preciso ficar olhando o econômetro, distraía. Tanto o câmbio com overdrive quanto o econômetro ficaram pouco tempo disponíveis, especialmente o primeiro, quando o comando de câmbio passou a ser por controle remoto, interno, não mais por varetas externas.

Nos modelos SS, os adesivos dos para-lamas dianteiros foram extintos. O SS-6 ostentava, agora, numa elegância sutil, o numeral 4100 no para-lama dianteiro. A faixa lateral nas bordas inferiores da carroceria permaneceu com o SS vazado entre a abertura da roda e a porta, e existia uma máscara prata ao redor do farol e do pisca, que se ajustava ao prata da grade. Rodas de aço redesenhadas com furação trape-

Pensando na economia de combustível, o Comodoro passou a ter opção de motor de quatro cilindros. Era também o único carro de luxo brasileiro vendido na versão de duas portas.

O Opala SS-4 com suas novas faixas pretas, visualmente idêntico ao SS-6.

zoidal foram incorporadas para ventilar os freios, em prata, com o tradicional logotipo "Chevrolet" no centro, em preto. Era opcional para outros modelos e permaneceu em produção até 1992. Voltaram as opções de assoalho acarpetado e bancos de tecido. O SS-4 ganhou o console e a graduação dos instrumentos do painel mudou: o conta-giros marcava até 7.000 giros (antes era 6.000), e o velocímetro marcava a máxima de 200 km/h (antes era 180 km/h).

A Caravan até então era série única, sem outros "sobrenomes", e oferecia muitas opções, sendo substituída em 1977 pelas versões Especial e Luxo. O Opala também passou a ter oficialmente a versão Luxo, devidamente identificada com um emblema no para-lama. A partir de 1977, os bancos de Courvin (couro vinílico) deixaram de ser fabricados, e os bancos de todas as versões do Opala passaram a ser revestidos de tecido (banco de veludo).

1978 – MAIOR SEGURANÇA

Em 1978, a volta das mudanças de grades, calotas e outras partes do Opala evitavam que o modelo tivesse uma aparência ultrapassada. A grade vinha com quatro retângulos em pares de dois, contornados por um filete prateado, que substituíam a grade em linhas horizontais. Uma influência das normas internacionais no Conselho Nacional de Trânsito brasileiro, comum no Brasil, tornou obrigatório o uso de colunas de direção retráteis, que assimilassem minimamente os impactos frontais, causa importante de mortes e lesões incapacitantes no

Da esquerda para a direita, de cima para baixo: Caravan Luxo, Comodoro sedan, Opala cupê de Luxo e Comodoro cupê. Com aperfeiçoamentos mecânicos, a linha 1978 ficou mais segura.

abdome e tórax e até pescoço e cabeça, uma vez que os cintos de segurança ainda eram pouco usados.

A General Motors do Brasil adaptou um sistema criativo, havia anos utilizado nos Estados Unidos: coluna de direção formada por dois cilindros de aço, de diâmetros diferentes, um recobrindo o outra. Entre cada um eram colocadas esferas, também de aço, laminadas sob pressão, com espaçamento entre si e mantidas no lugar por um colar em matéria plástica. Se houvesse o impacto, a porção cilíndrica externa telescopava, por deslizamento, sobre a interna e as esferas diminuíam a velocidade de compressão.

A evolução dos modelos

Voltou-se a acrescentar a alavanca que impedia o travamento da direção se o carro estivesse em movimento, comum nos carros americanos havia várias décadas, mas não nos alemães (como era o caso do Opala), pois a tentativa de economizar combustível criara o hábito de desligar a ignição do motor nas descidas. A trave Merli, sistema que conjugava ignição com trava mecânica, podia ser acidentalmente acionada. Isso causava acidentes pela perda da direção do carro. Como segurança extra, essa alavanca ficou fora da fenda da chave, situada agora ao lado direito da coluna de direção. A pessoa tinha de adquirir alguma prática manual, fazendo um movimento simultâneo, deslizando o pino para uma das fendas de um disco circular junto à direção, finalmente travando o volante. Além disso, tornava-se mais difícil a quebra da trave na tentativa de roubo, pois o ladrão acabaria quebrando a coluna e inutilizando o carro. A chave de contato da linha Opala 78 foi incorporada à coluna de direção. Mais um interior monocromático se juntava ao preto e ao marrom: um vermelho-vinho (Château).

Nesse ano, o SS foi o único modelo que se modificou além da nova grade dianteira. No capô, as faixas pretas cobriam desde a grade até a base do para-brisa; havia filetes vazados (nova moda) na cor do carro, que acompanhavam o desenho da grade. As laterais eram amplas, de modo que o sobe e desce de faixas continuava. Agora, faixas pretas subiam acima do baixo-relevo, contornadas pelos habituais filetes (pretos), que emolduravam as aberturas das rodas, com duas faixas mais delicadas do que as do ano anterior. Foram eliminadas as pinturas pretas na parte inferior da carroceria, o painel traseiro ganhou pintura preta, o que destacava mais as lanternas. A capa dos espelhos retrovisores veio em cone, finalmente, para ajudar nas manobras, e eles foram instalados também do lado direito. As molduras dos faróis eram pretas, com contornos em prata. O carro perdeu o SS na grade, a padronização de revestimentos internos com os modelos de luxo, tudo na mesmice do preto, e o aro do volante era espumado, em preto.

Dianteira e traseira do SS 1978.

Dianteira e traseira da Nova Caravan SS, que recebeu a mesma decoração do cupê.

A linha Caravan passou a abrigar os opcionais do Opala. Na Europa, alguns esportivos, desenhados na Inglaterra, como o Volvo, que era sueco mas fabricado na Jensen, o Lotus, o próprio Jensen, o Aston Martin, apresentaram suas versões shooting break, uma perua esportiva, excelente para levar pares de esquis e tacos de golfe. A moda foi pegando, e as peruas, que nada tinham de esportivas, passaram a ser decoradas como se o fossem, em alguns outros países. Assim, apareceu a "esportiva" Caravan SS, com detalhes decorativos do SS cupê: faixas, farol de milha e todas as opções de motorização da General Motors do Brasil.

Mais aceitável foi a versão Caravan Comodoro, com mais luxo, ostentando o logotipo "Comodoro" no para-lama traseiro, farol de neblina abaixo do para-choque, acabamento do sedã Comodoro, laterais das portas revestidas de material que imitava couro, inserção da maçaneta de plástico que imitava madeira, como no painel, e na parte inferior da lateral da porta, delimitada por um friso cromado, com carpete para proteção de sujeira ou abrasão dos sapatos dos elegantes motoristas e de suas damas; havia carpete no piso e na área do porta malas, finalmente. As versões básica e luxo prosseguiram e ganharam forração de borracha no porta-malas.

O Opala era um automóvel muito desejável, oferecendo reais avanços e um rodar mais firme a cada ano, graças a métodos de fabricação mais aperfeiçoados, que corrigiam defeitos iniciais e de projeto. O resultado foi uma relativa melhora nas vendas, considerando as dificuldades do país.

1979 – LÍDER EM QUALIDADE

Nesse ano a General Motors do Brasil deixou a linha com mais qualidade. O Opala dava prazer aos proprietários que anteriormente se irritavam com alguns problemas de qualidade. Melhoras na pintura e nos dispositivos de isolamento acústico, cujos reflexos apareciam depois de dois anos de uso (ou cerca de 25 mil quilômetros), começavam a igualar a resistência da carroceria à do conjunto mecânico, com menos tendência à ferrugem e melhoras na estabilidade.

Parecia não haver muita diferença, mas um test drive mostrava o maior cuidado. Estavam desaparecendo os desníveis de suspensão, grilos, movimentos laterais na hora de tomar as curvas, e uma instabilidade intrínseca. A General Motors do Brasil preparava mudanças de estrutura antes das modificações na aparência. O Opala 1979, como todos os últimos de uma série, era o melhor de todos desde 1975. Ainda tinha problemas, principalmente diante da qualidade das linhas de luxo da Ford e da Volkswagen.

O carburador de duplo estágio, com acionamento progressivo, foi aprimorado, principalmente sobre as exigências anteriores de manutenção. Outra "tropicalização", ou adaptação às condições brasileiras, era uma necessidade antiga: a autonomia dependente da quantidade de combustível embarcada. Os carros europeus moviam-se em distâncias relativamente pequenas, servidas por bombas de gasolina, por vezes individuais, colocadas no meio das calçadas, diferente dos automóveis dos Estados Unidos, em que extensões a perder de vista dispunham de postos de gasolina, com muitos serviços e carros equipados com enormes tanques.

As medidas de racionamento pós-crise do petróleo apenas puseram à mostra essa dificuldade do Opala, piorada pela adoção dos motores americanos, tanto o de quatro como o de seis cilindros. O comprador do Opala contava agora com 65 e não mais 54 litros. Os bancos foram redesenhados e empregavam o tecido da TDB estriado.

Linha 1979.

Dianteira e traseira do Comodoro. O modelo foi simplificado para preparar o consumidor para a chegada do Diplomata, que passaria a ser o topo de linha.

Também o formato do encosto para a cabeça mudou, ficando menos abaulado na parte de cima, o que melhorava a visibilidade dos passageiros do banco de trás. A limpeza do para-brisa era feita com bomba elétrica e o mecanismo de tempo (logo chamado temporizador) mantinha os limpadores de para-brisa ligados e desligados, alternadamente, em um intervalo suficiente para enfrentar chuviscos, sem o movimento contínuo necessário para a chuva. Era opcional e hoje é um equipamento de série em qualquer carro. O temporizador era colocado de modo um tanto improvisado, em uma extensão pouco ergonométrica: poucos centímetros abaixo do painel de instrumentos, à esquerda do volante. Se o interruptor fosse voltado para a direita, acionava o temporizador; à esquerda, o lavador que aspergia água e solvente dirigidos ao para-brisa; ao lado, o comando do afogador, que anteriormente estava meio escondido pelo painel. O freio de mão, acionado por uma manopla sob o painel e solto por um pequeno pedal, e que tinha localização universal em veículos americanos, foi transferido para uma alavanca entre os bancos individuais. Nos modelos com câmbio na coluna da direção, que tinham banco inteiriço, mantinham o sistema antigo. O desenho da grade dianteira, nos modelos mais simples, foi refinado no sentido da simplicidade, com a divisão central feita por um friso, na qual antes havia dois. O espelho retrovisor externo passou a ser quadrado, herdado do Chevette.

Quanto às mudanças específicas dos modelos, o Comodoro passou a oferecer o antigo motor de série 151-S como opcional. O carpete que recobria o compartimento de bagagens foi substituído por material plástico, sem fixação pelos problemáticos botões de pressão (que sempre eram danificados pelas bagagens mais

A linha SS 1979 trouxe poucas mudanças em relação à anterior. O SS-4 e o SS-6 eram totalmente idênticos. Até o emblema 4100 do para-lama dianteiro, que ajudava na identificação do ano anterior, foi suprimido.

pesadas). A forração dos bancos era feita com sulcos mais largos, laterais, e o painel de instrumentos vinha sem os adesivos plásticos que imitavam madeira. O console ficou mais útil, com espaço mais bem planejado para abrigar pequenos objetos e toca-fitas. A moldura dos faróis era prateada, como nas versões mais baratas. O Comodoro downgraded preparava o comprador para o novo modelo de luxo, o Diplomata, a ser lançado em pouco tempo.

A denominação Especial, que datava dos General Motors de 1930, cedeu lugar ao nome Opala Caravan. Era mais bem acabada em termos de revestimento, que se estendeu a todo o assoalho, inclusive ao porta-malas. Os assentos vinham com tecido TDB, o espelho retrovisor interno tinha inclinação para evitar ofuscamento e era equipamento de série.

Quanto ao SS, não recebeu modificações perceptíveis pela primeira vez desde que foi lançado. O logotipo "4100" foi suprimido. Não era mais possível perceber a diferença entre o quatro e o seis-cilindros externamente. Só o ronco do seis-cilindros e a "maquininha de costura" do comando de válvulas do ruidoso quatro-cilindros, além da diferença de torque, mostravam "quem era quem". As melhorias sutis internas da linha Opala eram compartilhadas por essas versões cada vez menos "esportivas".

1980 – NOVO VISUAL

O Opala 1980 seguiu a tendência da moda de carros com aparência mais larga e baixa, obtida por meio de grades dianteiras mais estreitas e formadas por linhas horizontais. A logomarca Chevrolet, a gravata, foi colocada no centro, com a palavra "Chevrolet" afixada do lado esquerdo. A General Motors do Brasil queria enfatizar a marca.

Traseira e dianteira do Opala, que sofreu sua maior reestilização em 1980.

O para-choque ficou com diâmetro maior e mais envolvente. O plástico preto, que já era usado nos espelhos retrovisores externos, idênticos em várias montadoras, no Opala passou a ter um formato encapsulado. A Caravan recebeu as mesmas modificações e apenas as lanternas traseiras, ainda que retangulares e envolventes, ganharam uma forma que recobria a linha do para-lama, evitando modificações na estamparia. A partir de 1980, nos modelos de mais luxo, o carro já saía de fábrica com o espelho retrovisor externo também do lado do passageiro. Outra novidade que agradou, especialmente os mecânicos, foi a padronização de todos os parafusos do carro, tanto na mecânica quanto na carroceria, com medidas em milímetros. As modificações internas haviam sido feitas no ano anterior. A montagem dos estofados ficou mais fácil com o uso de espuma pré-moldada, e sua maior resistência resultou em economia de espaço. Pequenas modificações foram feitas, frutos de atenção aos detalhes, como a manopla de regulagem horizontal dos bancos dianteiros, que agora era colocada à frente, e não na lateral, onde pessoas com mãos maiores acabavam esfolando a pele, o que denotava respeito ao consumidor.

A impressão de maior largura não era apenas uma percepção no que se refere à aparência: pela primeira vez, foi

A Caravan ganhou novas lanternas traseiras envolventes.

feita uma modificação estrutural, relativamente simples, que conferia estabilidade ao Opala. A bitola dianteira foi aumentada para 1,42 m (tinha 1,406 m até 1979). As rodas ficaram com 5 pol. O SS, graças ao uso de rodas de 6 pol, tinha bitola de 1,432 m. A bitola traseira foi aumentada de 1,397 m para 1,410 m (no modelo SS, ficou com 1,422 m). A grande razão dessa modificação foi o padrão da indústria de pneus, que estava deixando de lado o pneu de carcaça diagonal, a não ser no Volkswagen, e adotando o pneu radial. A General Motors do Brasil precisou recalibrar suas suspensões. Outras modificações incluíram a inclinação das pontas de eixo, de 6 graus para 8 graus, as novas molas tinham novos pontos de apoio, os amortecedores foram recalibrados, com incremento na medida das buchas do braço inferior da suspensão, de 30,40 mm para 34,98 mm. A barra estabilizadora ficou com maior diâmetro (de 19,0 para 20,6 mm). As molas foram mais reforçadas na suspensão traseira: de 41,0 mm para 50,8 mm, com amortecedores mais fortes. Tudo isso acrescentou leveza e precisão à dirigibilidade, que foi gradativamente se aproximando daquela dos carros pequenos.

Nas versões de motor de quatro cilindros, a primeira e a segunda marchas foram encurtadas, dando um comportamento mais "nervoso" ao carro.

O Comodoro ganhou um largo friso lateral com borracha inserida, no meio da carroceria, estendendo-se das lanternas ao para-lama dianteiro, com o logotipo "Comodoro" abaixo. Conhecido desde o Fuscão e seu para-choque Europa, o "borrachão" que cobria o para-choque foi adotado pela General Motors do Brasil.

Esse foi o último ano do modelo SS. Ficou com faixas laterais sem filetes e a sigla "SS" vazada e maior foi colocada perto da roda traseira. O para-choque ficou na cor do carro, com borrachão. As maçanetas tinham cor cinza galvanizada e foram suprimidos os frisos cromados em torno do para-brisa e do vidro traseiros. Retrovisores foram colocados dos dois lados, e havia dois tipos de rodas. Nas outras características, seguiu o Opala. A Caravan SS prosseguiu vendendo pouquíssimo. No mercado de carros antigos, o SS adquiriu importância por sua raridade, incrementada pela pouca durabilidade de seus adereços adesivos.

No final de 1979, o Diplomata, que havia testado a reação do público um ano antes, foi colocado à venda como modelo de luxo, ao lado da linha anterior do Opala. Marcando a quarta "operação plástica" do carro cada vez mais querido no Brasil, deslocou o Comodoro para uma posição intermediária, em relação a preço e acessórios. Vinha equipado de série com ar-condicionado, dois retrovisores externos, antena elétrica no para-lama traseiro esquerdo, toca-

Modelos SS do Opala e da Caravan.

-fitas e rádio AM/FM, servo-freio, direção hidráulica, carburador de corpo duplo, seis cilindros (motor 250), rodas de liga leve, bancos com regulagem de encosto milimétrica, tecido que imitava cachemir, com laterais inferiores da porta e teto de mesmo material, tapetes de buclê de náilon, e maior cuidado na forração termoacústica.

Em termos de ruído interno, perdia apenas para o Ford Landau. Começava a era dos enormes frisos emborrachados na lateral, que davam a sensação de menos altura do carro e tinham também a função de proteger contra as batidas das portas de outros carros. O Opala, do qual saiu o Diplomata, não tinha vincos na carroceria e essas faixas foram bem recebidas. Como opcionais, teto de vinil corrugado, que lhe dava ares de hardtop, pneus radiais, câmbio automático, pintura metálica e motor 250-S.

Em um ambiente econômico cada vez mais desfavorável, mas auxiliado pelo desaparecimento da concorrência (Ma-

O Diplomata tinha as versões sedã e cupê.

verick, Dart e Galaxie), a nova mudança de aparência dos vários modelos da linha Opala alcançaram novo recorde: 74.863 unidades foram vendidas.

A partir desse ano o governo criaria o Proálcool, programa que estimulava as pesquisas de motores movidos a álcool. Muito desejado em época de crise do petróleo, os carros movidos a combustível oriundo da cana-de-açúcar começaram a ganhar força no mercado e em pouco tempo se tornaram preferência nacional.

1981 – MODIFICAÇÕES GRADUAIS

A General Motors do Brasil fazia prudentemente modificações graduais, à medida que iam satisfazendo o comprador. Como investimento, significava cuidado para manter o comprador interessado, sem poder prestar atenção a muitas novidades, o que significava sabedoria. Isso explica o risco de oferecer um modelo com modificações externas apenas cosméticas, porém importantes, em 1980, e outro, com atualizações igualmente importantes, como um novo painel de instrumentos, em 1981. O risco era certa implicância de alguns compradores, que se sentiam lesados em obter um modelo que se desatualizava em um aspecto que estaria sempre à vista, dentro de seu uso imediato e constante (modificações externas em para-lamas e lanternas, por exemplo, tinham menor valor de uso).

Um painel de condução do veículo, elaborado segundo técnicas construtivas em plástico, atuais na época, permitia melhor visibilidade dos instrumentos de medida, das funções mecânicas e elétricas vitais e de desempenho. Eram modificações significativas, do ponto de vista de segurança, por permitirem maleabilidade. Apresentavam-se ao motorista como um grupo de forma retangular, que continha instrumentos de medida circulares. À esquerda, havia uma representação colorida do nível do combustível no reservatório. Abaixo, outro mostrador exibia a temperatura do líquido de arrefecimento do motor, igualmente colorido, sem representação numérica. À direita desse mostrador duplo, compondo a figura central no interior do retângulo, estavam o velocímetro e o hodômetro totalizador. Logo depois, compondo o lado direito e terminando o espaço retangular, havia um relógio (opcional nas versões mais simples, com indicadores genéricos apenas impressos). Logo abaixo, estavam seis luzes-espias, sempre retangulares. Também abrigados no retângulo, com fundo preto, ao lado esquerdo, havia um interruptor para as lanternas externas, o acionamento do

À esquerda: o Diplomata ganhou um friso contornando a grade e a lanterna dianteiras, como o Comodoro. À direita: o volante do novo painel da linha Opala.

afogador, e, do lado direito, acionamento, por meio de reostato, da intensidade da iluminação do painel de instrumentos.

O acendedor de cigarros e o cinzeiro estavam em localizações convencionais, próximo aos comandos horizontalizados que ligavam o aquecedor (opcional), desviavam o fluxo de ar do exterior, sob o para-brisa, e acionavam o desembaçador (de série nas versões mais luxuosas). Houve a gradativa integração de comandos dentro de uma alavanca na coluna da direção, ditada pela ergonomia, ciência que vinha sendo cada vez mais integrada ao design. No caso do Opala, a alavanca, colocada à esquerda da coluna de direção, integrou os interruptores do limpador de para-brisa e do temporizador, que incluía o lavador elétrico do para-brisa (opcional). A alavanca fazia também a mudança de fachos dos faróis (alto e baixo) e acionava os indicadores de mudança de direção.

Um friso cromado contornava a grade e as lanternas dianteiras, assim como as lanternas traseiras nas versões mais luxuosas. O estofamento, de desenhos diversos, vinha em três opções de cores: preto, marrom e cinza, e a opção mantinha-se na cor do painel de instrumentos. A alavanca de câmbio foi encurtada, e foram renovados o console, a alavanca de freio e o sistema de ventilação forçada.

O redimensionamento mecânico, que permitiu a maior bitola do carro, como os anteriores, não contemplava de modo satisfatório os pneus radiais, e exigiu outros ajustes. Foram introduzidos freios com disco ventilados e câmara de vácuo do servo-freio maior, o que diminuía o esforço no pedal, também auxiliado por uma válvula limitadora de pressão no freio traseiro. Seu princípio era simples: uma válvula sensível a variações repentinas de aplicação de força no pedal do freio encarregava-se de cortar metade da pressão hidráulica, calculada como excessiva a partir de um determinado ponto. O travamento das rodas traseiras em altas velocidades, responsável por mudanças repentinas e incontroláveis da trajetória do veículo, diminuiu sensivelmente, embora não fosse evitado completamente. A correção definitiva dessa limitação, o sistema de freio antitravamento, ou simplesmente ABS criado no exterior pela Bosch em 1978, não chegou a ficar disponível para o Opala, pois só chegaria ao Brasil no começo dos anos 1990.

Outra novidade na parte mecânica era no sistema de arrefecimento. Antes, o ventilador era conectado diretamente ao motor, e girava sempre que ele estava em funcionamento, na mesma rotação. A partir de então, a General Motors do Brasil disponibilizou, como opcional, a chamada embreagem eletromagnética do ventilador, que fazia a hélice do radiador começar a funcionar só quando o motor atingisse a temperatura de 90ºC, permanecendo imóvel antes disso. Segundo a fábrica, com o ventilador parado, 5 cv do motor eram poupados e, consequentemente, o consumo de combustível também diminuía.

1982 – 750.000 VENDIDOS

A marca das 750.000 unidades de Opala fabricadas foi comemorada pela General Motors do Brasil, criando uma versão limitada de 2.000 exemplares do Silver Star (Opala e Caravan), que saía nas cores verde Silver Star e azul Silver Star, ambas metálicas, com as rodas pintadas na cor do carro.

Para elevar a autonomia de viagem, a capacidade do tanque de combustível para o álcool foi de 65 litros para 88. Outra novidade foi a ignição eletrônica de série nesses motores (opcional para os movidos a gasolina) para contornar os problemas de partidas a frio, proporcionar marcha lenta mais uniforme, alguma economia de combustível, queima mais plena da mistura ar-combustível, menores índices de poluição e maior durabilidade da bateria, pelas partidas mais eficientes.

Opcional para toda a linha, foi um dispositivo de controle remoto elétrico para a abertura do porta-malas, comandado por um botão sob o painel de instrumentos.

O Diplomata e o Comodoro saíram de fábrica com novos vidros verdes (Ray-Ban), para-brisas laminado em degradê, borrachão preto redesenhado no para-choque, com lâminas de proteção de borracha emolduradas por película cromada mylar (só no Diplomata). Os bancos vinham na nova moda, a “espinha de peixe”; a ponteira

À esquerda: o Diplomata 1982, com para-choques pintados de preto e borrachão redesenhado com friso cromado em plástico. À direita, de cima para baixo: o Comodoro e a Caravam Comodoro.

do escapamento era cromada e o volante, acolchoado. O velocímetro vinha com uma novidade, o hodômetro parcial, para maior controle da quilometragem percorrida.

A concessionaria Sulam, de São Paulo, entrou no mercado de séries limitadas com o Opala Executivo. A base era o Diplomata, alongado em 30 cm, uma pequena limusine que provia melhor espaço para os passageiros do banco de trás. Foi comparado ao Itamaraty presidencial, e era inspirado nos automóveis americanos, alemães e ingleses, como Lincoln, Cadillac e Mercedes-Benz.

Nessa época já existia na Alemanha o Opel Ascona, desde o projeto já imaginado como o próximo "carro mundial" da General Motors. Houve poucas vozes discordantes quando a direção geral da General Motors, em Detroit, ordenou as medidas para investir no Brasil em torno desse carro. No início dos testes, em 1980, surgiu o Monza, nome mundial, de um dos grandes circuitos de automobilismo, aplicado a muitos países para os quais era exportado ou adaptado. Atendia o mercado correspondente ao Corcel e ao Passat, embora versões mais luxuosas certamente interessassem proprietários do Comodoro e do Diplomata, principalmente nos anos iniciais, quando o veículo era novidade.

Em seis meses, o novo produto da General Motors do Brasil cativou 33.362 proprietários, e logo se tornou um "objeto de desejo", mantendo-se assim por vários anos. Em termos internacionais, o resultado era sofrível, longe do *break even point* para amortizar os investimentos. O Opala, durante o ano, vendeu 27.288 unidades, metade delas da linha Caravan. O Monza entrava no mercado de luxo, e o Opala migrava para o comprador com família.

1983-1984 – VENDAS EM QUEDA

Em 1983, praticamente nenhuma mudança na linha, e as vendas continuaram caindo. O Opala de quatro cilindros apareceu com câmbio de cinco marchas, disponível no Chevette desde 1982, e pneus radiais passaram a ser itens de série. As maçanetas internas foram embutidas, e as manivelas do levantador de vidros perderam o cromo, passando a ter a mesma cor do acabamento interno.

O Monza ganhou um três volumes com quatro portas, com motor 1,8 litro (1.796 cm^3), com 86 cv e 160 km/h, além do câmbio de cinco marchas (opcional). Esse carro sustentaria a General Motors com o gradativo cansaço comercial do Opala.

Já se sabia que a General Motors do Brasil preparava novidades na linha Opala para 1985. Portanto, em 1984, foram introduzidas apenas algumas melhorias na parte interna, como o novo cinto de segurança de três pontos (comum nos carros de hoje). Essa melhoria era válida apenas para o Comodoro e para o Diplomata. Toda a linha

À esquerda: o Comodoro 1983. À direita: o Diplomata 1983, sem mudanças em relação ao ano anterior.

ganhou nova alavanca de comando da trava do capô, de acesso mais fácil, e a fechadura da porta do motorista agora travava com a chave pelo lado de fora, e os motores de quatro cilindros, tanto a álcool como a gasolina, ganharam ignição eletrônica.

Nesse ano o Opala ganhou um novo concorrente fabricado pela Volkswagen, o Santana, apresentado como sedã de duas e de quatro portas, e futuramente em uma perua com cinco portas, a Quantum.

As dimensões do Santana assemelhavam-se às do Opala. O comprimento do representante da Volkswagen era de 4,537 m, enquanto o concorrente da Chevrolet tinha 4,575 m, e a distância entre os eixos era quase idêntica. Assim como o Passat, seu motor era longitudinal de 1,8 litro.

Na linha Monza, a novidade foi o lançamento da versão sedã com duas portas. O marketing da General Motors do Brasil era muito eficiente e atento às tendências brasileiras: o duas-portas continuava a ter maior preferência. Outra novidade, prevendo uma mudança fundamental, era o Monza com câmbio automático opcional.

As vendas do Opala continuaram caindo, principalmente pela antiguidade do projeto do carro. Mas a General Motors do Brasil tentava mantê-lo renovado. Mais uma reestilização estava sendo pla-

Opala 1984, praticamente sem mudanças.

nejada para entrar em linha em 1985. O ano de 1984 marcou a fabricação do Opala número 800.000.

A General Motors do Brasil não colocava todos "os ovos em uma só cesta", e uma das cestas promoveu uma boa explosão: o Monza. Pela primeira vez na história um carro médio foi campeão de vendas do ano. Vendeu cerca de 70.000 unidades, desbancando os quase imbatíveis Fusca e Gol, que marcavam, respectivamente, cerca de 53.000 e 55.000 unidades comercializadas.

1985 – NOVO PAINEL

Em 1985, o Opala sofreu mudanças significativas. Externamente, o carro ganhou nova grade, mais estreita e com frisos horizontais, com um novo conjunto óptico, mais atualizado segundo as tendências internacionais, novamente desenhado nos Estados Unidos. Os para-choques ficaram mais largos e equipados com polainas plásticas laterais. Era mais simples de construir, com menor custo de produção, mas no dia a dia sua conservação era mais difícil. Mas as polainas eram uma tendência da época. O espelho retrovisor ganhou novo desenho, as maçanetas ficaram embutidas nas portas, as calotas voltaram a ser usadas e seu dese-

O Opala ganhou nova grade em 1985, além de novo conjunto óptico, para-choques mais largos com polainas laterais, maçanetas das portas embutidas e novo espelho retrovisor externo.

nho imitava rodas de liga leve, de linha nos carros mais luxuosos e opcionais nos outros. A partir de 1985 também a pintura do tipo "saia e blusa" era oferecida como opcional.

Internamente, a grande novidade foram o painel de instrumentos e o volante com o mesmo formato, só que com novo padrão de revestimento, com desenhos em relevo quadriculado, sem economia: eram feitos de material plástico injetado e espumado, com dotação de segurança ainda desconhecida em nosso meio. Se não dava para mudar o carro inteiro, pelo menos dava para mudar o que era possível. Módulos eletrônicos de fácil acesso e colocação, além de planejamento para melhoras futuras, davam a esse painel um nível internacional. Cinzeiro e acendedor de cigarros para os passageiros do banco traseiro eram opcionais.

Os bancos foram igualmente redesenhados, segundo as mais modernas técnicas. De repente, o tamanho do Opala, nascido compacto, era outra vez bem ajustado ao mercado; parecia um carro grande, pois o mercado mundial estava muito enxuto em termos de dimensões. Outras melhorias foram apoio para a cabeça ajustável, as travas das portas vinham desprovidas de pinos, e funcionavam com trava corrediça, mais moderna, instalada junto à tranca interna.

O novo motor abriu as maravilhas de desempenho e economia para os donos dos seis-cilindros. Foi o primeiro carro de seis cilindros a álcool do mercado mundial. Já o poderoso motor 250-S deixou de ser produzido, ou pelo menos como era antigamente, já que não contava mais com comando de válvulas especial, vinha sem tuchos mecânicos e sem carburador duplo-corpo de acionamento simultâneo;

À esquerda: o interior do Diplomata, com novo visual dos instrumentos. No destaque, bancos com encosto ajustável para a cabeça. À direita: o protótipo do novo Diplomata.

com isso, a potência caía de 153 para 140 cv, mas, apesar disso, o emblema "250-S" continuava aplicado no porta-malas.

As borrachas laterais também sofreram mudanças, com molduras específicas para cada modelo. No Comodoro, eram de plástico extrudado abaixo da maçaneta das portas. No Diplomata, de plástico injetado, mais largas e baixas, para dar aparência de menos altura. O Diplomata possuía faróis de longo alcance, verticalizados entre a grade e os faróis. A aparência, em vez de transmitir mais luxo, não agradou muito, e por isso não duraria muito tempo. Ainda no Diplomata, uma grade de plástico injetado, de efeito apenas decorativo, imitava uma saída de ar na coluna C do modelo de quatro portas. Já o Opala básico, como sempre, vinha sem borrachas laterais.

Outros planos de renovação finalmente puderam ser incorporados ao Opala para mantê-lo convidativo ao mercado de alta renda. Eram os vidros elétricos e o comando centralizado das portas, uma tendência que continua no mercado até hoje e que foi iniciada no Brasil pelo Monza. No Opala, não existia nem como opcional, mas em 1985 o Diplomata saiu da fábrica com esses equipamentos, além do ar-condicionado. Outro item exclusivo era o apoio fixo de cabeça para os passageiros do banco traseiro, e um apoio de braço no centro do encosto que, quando baixado, dava a impressão de duas poltronas individuais.

O Diplomata ganhou, ainda, um console central (opcional no Comodoro), com comandos dos quatro vidros elétricos e blo-

Comodoro, à esquerda, e Diplomata, à direita, com várias diferenças estéticas.

Nova Caravan Diplomata, criada para concorrer com a luxuosa Quantum. Tinha o mesmo luxo interno e visual do Chevrolet Diplomata.

queio do movimento dos vidros traseiros (segurança no caso de se transportar crianças) e regulagem dos espelhos retrovisores externos. Tinha também câmbio automático australiano de duas velocidades, inspirado no Powerglide de 1952, opcional. Coroada de êxito, a General Motors do Brasil abarcava parte do público do recém-extinto Ford Landau: milionários, grandes executivos, políticos e burocratas de empresas estatais. A General Motors do Brasil lançaria ainda outra versão luxuosa na linha Monza: o Classic. Tinha frisos mais largos, rodas esportivas e forração de banco com tecido especial, que ajudava o Diplomata na extinção do sofrido Alfa Romeo Ti4, que nesse ano ganhou algumas novidades estéticas, como nova grade, novas lanternas traseiras e novos para-choques.

As melhorias no Opala refletiram--se nas vendas: 50 por cento a mais que em 1984, com 26.801 unidades vendidas contra 17.366 do ano anterior. Boa parte da boa vendagem do Opala deveu-se à sua mecânica, que, apesar de antiga, era robusta e muito confiável. O Monza era um carro de cidade e o Opala vencia as estradas sempre esburacadas do país brasileiro.

Finalmente, surgia uma Caravan Diplomata, a resposta da General Motors do Brasil ao Ford Scala e à recém--lançada Santana Quantum (na versão luxuosa chamada "CD"). Todas as Caravans ganharam novos para-choques e traseira levemente reestilizada.

A General Motors do Brasil lançou ainda um Monza "esportivo", o hatchback S/R, para concorrer com o Gol GT e com o Escort XR3. Era cheio de faixas para dar uma aparência mais agressiva, com defletor traseiro, painel de instrumentos completo e motor 1,8 litro (1.796 cm³) mais potente, de 96 para 106 cv e com câmbio de cinco marchas reescalonado, de caráter esportivo. Chegava a 172 km/h. Esse novo Monza era uma tentativa da General Motors do Brasil de preencher a lacuna deixada pelo Opala SS.

1986-1987 – EFEITO BRASIL

Em 1986, talvez frente à situação adversa de mercado, a linha Opala permaneceu praticamente inalterada. A decoração interna ficou diferente no Comodoro e no Diplomata, com novos tecidos nos bancos e laterais. Finalmente, havia uma trava elétrica para fechar todas as portas. Externamente, a novidade ficou por conta da nova roda de alumínio para o Diplomata (opcional para o resto da linha). Já o Opala básico ganhou mais luxo, com borrachas na lateral e falsa saída de ar nas colunas traseiras.

Houve algumas mudanças no motor a álcool, na tentativa de deixá-lo mais econômico. A taxa de compressão foi aumentada, o carburador foi recalibrado, o torque aumentou, a potência no quatro-cilindros passou de 76 para 88 cv e o consumo melhorou 5 por cento. O desempenho em velocidade e aceleração permaneceram idênticos.

O Monza foi mais uma vez o carro mais vendido no Brasil. Já o Opala ficou relegado ao nicho dos carros de luxo e da burguesia estatal.

Em 1986, a única mudança externa foi a nova roda de alumínio da linha Diplomata.

Acima: Opala básico.
Embaixo, à esquerda: o interior do Diplomata, com novos tecidos para os bancos e laterais.

Nesse ano a General Motors do Brasil foca seus esforços no campeão de vendas e lançou o Monza com motor 2 litros, que levava 11,2 segundos para atingir os 100 km/h. A produção do 1,8 litro foi mantida.

O Opala batia recorde de permanência no mercado e outra vez não mudava nada. O público estranhava: como o Monza e o Chevette podiam, apesar das dificuldades, apresentar coisas realmente novas e o Opala não? O fato era que o Monza e o Chevette continuavam a ser produzidos em outras regiões, e faziam parte do programa da General Motors mundial. O Rekord continuou sendo vendido, mas apenas conservava o nome, tendo sido modificado duas vezes. A Alemanha assumia um lugar inédito na linha da General Motors mundial, passando de receptor para doador de tecnologia, por causa da decadência da indústria automobilística americana.

Em 1987 apareceu o substituto do Rekord. O nome havia ficado desgastado. Os estrategistas de mercado acharam que Omega, termo ligado à astronomia e à matemática, poderia trazer, subliminarmente, a ideia de recorde. O mundo não se interessava tanto por recordes, a não ser nas Olimpíadas; afinal, os nomes Olympia e Rekord datavam dos anos 1930, do governo alemão da época, muito interessado em recordes. O novo Omega alemão serviria de modelo para a linha Cadillac, em seus produtos mais acessíveis: iria substituir o Cimarron, antes baseado no Ascona, o nosso Monza. O Omega seria trazido para o Brasil, com modificações parecidas com as do Opala de 1968, mas isso ainda demoraria cinco anos.

Um interessante teste comparativo foi feito pela revista *Quatro Rodas,* na época editada por um experiente repórter esportivo, polivalente e com formação europeia, Claudio Carsughi, que cuidava dos testes de estrada do padrão em automobilismo.

Carsughi incrementou os testes comparativos. Apresentou o teste do Opala 1987, confrontado-o com o novo Omega alemão. As diferenças tecnológicas foram

No centro: o Diplomata 1987, praticamente o mesmo do ano anterior. À direita: a Caravan Diplomata 1987.

colocadas à mostra: "Em pontos como o motor, por exemplo, o Opala nos leva de volta à década de 1930". A análise partia do princípio de que a coisa moderna era melhor, mas o mercado e a realidade nacionais colocaram isso em dúvida. Nesse tempo, muita gente lamentava a ausência de ofertas com a maciez e o comportamento equilibrado do motor de seis cilindros em linha. Em termos de durabilidade, o motor General Motors continuava insubstituível.

O motor derivado do Chevy II, idealizado em 1961, aplicado ao Opala não oferecia, em comparação com os motores mais modernos, como o do Monza, tantas vantagens, principalmente em termos de desempenho, o que inclui o consumo de combustível. Mas continuava sendo muito durável. Quase toda a produção fluía para os motores a álcool, e tanto o quatro como o seis-cilindros da General Motors do Brasil haviam respondido muito bem a essa modificação.

1988 – VINTE ANOS

Em 1988, vinte anos depois da fabricação do primeiro Opala, os entendidos da época viviam prevendo o seu fim, mas talvez sem levar em conta ou observar o comportamento do mercado e da General Motors do Brasil. Como sempre, vinda do exterior, uma nova aparência conferia valor agregado significativo ao carro. Um enorme esforço de modernização dotou o carro de um capô mais baixo e dianteira

Modelo SE, antes chamado de Diplomata, com novas rodas raiadas e traseira com a lanterna unida.

"institucional", semelhante à do Monza. Um sistema de faróis dianteiros, mais de acordo com os anos 1990, também foi inspirado nos desenhos que ditavam toda a linha alemã da época.

O Diplomata também mereceu mudanças que pudessem individualizar a marca: rodas com novo desenho raiado e conjunto óptico com farol de neblina incorporado. Suas lanternas traseiras pareciam ser uma peça única, ocupando a largura do carro, com entrada central coberta pelo conjunto de acrílico avermelhando, bem ao gosto americano. O Comodoro manteve as lanternas separadas por uma placa de acrílico preta.

O volante e o painel foram redesenhados, com iluminação dos instrumentos feita por trás, em algarismos de fundo vazado. Esse tipo de iluminação tornou-os muito mais visíveis à noite. Foram instaladas saídas do ar-condicionado para o banco de trás, sem modificar a carroceria, feitas por um prolongamento do console. O ar-condicionado foi redimensionado. Outra novidade foi a volta da cor interna para o vinho, que equipou o Opala em 1978 e em 1979, o que lhe valeu novamente o apelido de Château.

Nesse ano, a linha Opala ganhou novos "sobrenomes", e agora eram chamados de: Opala SL, Comodoro SL-E, Diplomata SE, Caravan Diplomata SE e Caravan Comodoro SL-E.

Começava no Brasil a era da eletrônica e suas delícias. Com isso, o Diplomata SE era equipado com itens opcionais dos outros modelos: regulagem da altura do volante, manutenção da iluminação depois da retirada da chave da ignição, iluminação interna que se mantinha por 10 segundos após o travamento das portas, temporizador dos vidros elétricos, que possibilitava seu manuseio até um minuto depois da interrupção do fornecimento de carga para o motor, e alarme sonoro no caso de as lanternas não terem sido desligadas.

O motor de seis cilindros continuava sendo o de maior cilindrada dentre os carros brasileiros, depois do "falecimento" dos V-8 Chrysler e Ford. Levava folgadamente os quase 1.400 kg do carro a 174 km/h.

Caravan Diplomata SE, uma das peruas mais luxuosas na época.

Caravan Comodoro SL-E.

O modelo básico, chamado agora de Opala SE, também recebeu mudanças estéticas.

"*There is no subtitute for cubic inches*" [não há substituto para polegadas cúbicas], diziam os adeptos dos carros americanos, ainda saudosos dos muscle cars de 7 litros. Tínhamos o nosso, no Novo Opala de 4,1 litros: 100 km/h eram atingidos em apenas 11,1 segundos, o segundo absoluto no mercado brasileiro. Apenas o Gol GTS, com relação peso-potência muito melhor, superava-o.

Comodoro SL-E, que vinha com para-choques pretos.

Outra mudança neste ano foi o fim do uso do câmbio automático de três marchas importado da Austrália, herdeiro do velho Powerglyde da Chevrolet de 1951. Era um conjunto problemático, de desempenho um tanto nebuloso e mal-distribuído em termos de relações de transmissão. Novas ofertas internacionais da Borg Warner e da ZF foram estudadas, ganhando a última. O câmbio automático de quatro marchas opcional deu ao Opala um ar de BMW ou de Jaguar, já que era o mesmo conjunto que equipava essas prestigiosas marcas. O conjunto era manufaturado e montado na Alemanha, já que a indústria brasileira se contraía, ficando cada vez menos brasileira, e menos indústria. Não havia muita dúvida no oferecimento do item, pela aceitação no mercado superior. Para a classe média, apenas o Chevette e o extinto Dodge Polara ofereciam o recurso, canalizado para o nicho de mercado dos deficientes físicos. Apenas o Dodge oferecia o câmbio automático com quatro marchas, sendo bastante elogiado na imprensa.

A General Motors do Brasil continuava dando atenção a detalhes que pudessem dar mais fôlego ao carro, em termos de tendências modernas: a suspensão com amortecedores pressurizados davam ao carro um rodar mais aproximado dos carros pequenos europeus do que das "barcas" americanas, com novas calibragens na frente e molas mais duras atrás, além da diminuição no diâmetro de giro. Molas auxiliares de poliuretano ofereciam um rodar ainda mais confortável, mesmo sobre piso ruim. Tudo isso era a influência alemã. O Opala 1968 imitava um Chevrolet 1954. O Opala 1988 inspirava-se nos modelos da Mercedes-Benz e da BMW.

1989-1990 – O FIM DE UMA ERA

O sucesso e a amortização dos investimentos feitos no ano anterior, bem como a manutenção do estado lamentável da economia brasileira, determinaram uma diferença no Opala 1989, e apenas na linha Diplomata: a cor cinza escura, apelidada de fumê (de *fumée*, esfumaçado, em francês), nas lanternas traseiras, última moda no exterior.

O Opala cupê de duas portas saía de cena, movido pela mudança racional do gosto do brasileiro. Os estoques desse modelo eram consideráveis, e demorariam muitos meses, com descontos, para ser comercializados. Havia provas inequívocas da mudança do mercado quanto aos modelos de quatro portas: o Voyage nessa versão havia "se aguentado mal e mal" entre 1982 e 1985, sendo desviado para o mercado externo. No ano seguinte, 1990, voltou a ser distribuído no mercado interno. A Fiat havia percebido a tendência. Sempre rápida e nada econômica nas versões, vendia muito mais o modelo Premio de quatro portas que o de duas portas.

O Opala perdeu o título de automóvel de produção em série mais veloz no país para um "baixinho invocado", que trazia,

Diplomata SE, que vinha com pintura saia e blusa opcional.

Tanto a Caravan quanto o sedã Diplomata tiveram como única modificação as lanternas traseiras na cor fumê.

pela primeira vez, um motor alimentado por injeção de combustível, substituindo o carburador: o Gol GTi. Tendência dominante no exterior, ficaria comum por aqui apenas nos anos 2000. Atingia 178 km/h, e fazia 100 km/h em 10,3 segundos.

Em 1990, foi eliminada a versão de quatro cilindros do Diplomata. Toda a linha ganhou tanque de combustível de plástico injetado, incorporando um obrigatório sistema de controle de evaporação de hidrocarbonetos, o cânister, o que sinalizava os primórdios das medidas antipoluição. Um efeito colateral bem recebido desse material, para um motor tão "gastão" como o seis-cilindros, foi seu maior volume (passou de 84 para 91 litros), melhorando a autonomia do carro. Proporcionou também uma diminuição do degrau no parta-malas, o que aumentou seu volume de 376 litros para 385, que corresponde ao espaço do porta-malas de veículos como o Toyota Corolla.

Um dos primeiros atos do então presidente Fernando Collor de Mello foi reabrir as importações. Seu diagnóstico do sucateamento e da criatividade na indústria nacional, promovido por protecionismo tarifário, calotes e reserva de mercado, provou-se verdadeiro, a despeito de todas as atitudes e contextos de um governo que terminou com um *impeachment*.

À esquerda: o Comodoro, que ilustra o para-choque na cor preta e o tanque de combustível de maior capacidade, modificações presentes em toda a linha de 1990. À direita: o Opala, que recebeu o título de um dos carros mais queridos do Brasil de todos os tempos.

O Opala foi a prova viva disso. Virou uma espécie de bode expiatório do novo presidente, que se referia ao carro oficial da burguesia estatal como um "dinossauro". Só não reinava mais sozinho. A inventividade nacional, conjugada a sonhos de sofisticação do que se via no exterior, repetiu as mesmas coisas feitas pela General Motors do Brasil com a perua Amazona, e com a iniciativa anterior, da Willys, ao oferecer a Rural. Juntava-se a isso a moda das vans nos Estados Unidos, uma espécie de Kombi crescida, com motores mais potentes. Agora seriam executadas por indústrias menores, ligadas a artefatos de fibra de vidro. Utilitários como pickups poderiam ser modificados com toques de luxo, oferecidos a uma população um tanto minguada de alta renda, com famílias grandes, e proprietários de terras agrícolas. Empresas como a Sulam, a Glaspac e a Brasinca (que fornecia ferramental de carroceria para toda a indústria), e também concessionários como a SR e preparadoras como a Envemo, sofisticavam chassis de pickups pesadas da Ford e da Chevrolet.

Foi com o governo de Collor que os brasileiros conheceram vários produtos importados, não obstante tenhamos conhecido também confiscos agudos no plano de sua ministra da economia Zélia Cardoso de Mello.

Nesse ambiente, afogado pela política econômica que todos querem esquecer, apareceram os carros importados no Salão do Automóvel. O dinossauro de Collor, o Opala, sofreria o golpe fatal. A revista *Quatro Rodas* fez uma pesquisa no Salão do Automóvel, visitado pelas classes mais abastadas e a classe média, e descobriu que 94,1 por cento dos entrevistados eram favoráveis à importação de carros, 92,2 por cento comprariam um estrangeiro, 89 por cento achavam que a importação melhoraria a qualidade do carro nacional e 76 por cento acreditavam que o carro brasileiro poderia ter seu preço diminuído por causa da maior concorrência.

1991-1992 – JOIA RARA

Em 1991, o Opala era visto como aqueles velhinhos que teimam em continuar trabalhando. Por incrível que pareça, ainda apresentava novidades. A General Motors do Brasil cuidou especificamente do motor 4100, adotando a carburação do Monza 2.0 e seu filtro de ar. Continuava sendo de corpo duplo, de acionamento em dois estágios, comandado por vácuo proveniente do coletor de admissão. Técnicas mais modernas foram aplicadas em sua construção, com material plástico, também usado no sistema de arrefecimento. Uma válvula termopneumática chamada Thermac, instalada no interior do filtro de ar, controlava a entrada de ar aquecido dentro de uma capa à volta do coletor de admissão, dosando-o com o ar externo, obtendo assim temperatura ideal do ar para boa vaporização. Era uma solução utilizada no Volkswagen havia muitos anos, que provia melhor rendimento e dirigibilidade.

Às vésperas da aposentadoria do Opala, a GMB surpreende e lança a linha 1991, com novos para-choques envolventes, nova grade e novos espelhos retrovisores.

Outros melhoramentos eram os novos desenhos dos pistões. Eles já eram confeccionados em liga de metal leve, novidade brasileira desde os anos 1950. Havia sido uma investida da empresa Metal Leve, aceita pela General Motors do Brasil, que substituiu os pistões de ferro fundido pelo método Mahle alemão. Os novos pistões e anéis eram menos espessos, sem prejuízo da durabilidade, aumentando a área lubrificada, permitindo bielas mais longas, aumentando a taxa de compressão, mais adaptada ao álcool e a uma planejada melhora da gasolina oferecida no mercado brasileiro, com a liberação da importação. Todo o sistema foi calculado e planejado na Inglaterra pela divisão Lotus-Cosworth, havia alguns anos de propriedade da General Motors.

Outra solução tecnológica engenhosa contribuía para o rendimento, diminuindo a temperatura da mistura ar-gasolina e enriquecendo momentaneamente a quantidade do combustível, em uma situação especial de necessidade, que ocorria ao se acionar o compressor do ar-condicionado. Nenhum desses motores havia sido projetado para esses aparelhos, cujo acionamento se dava por polias e correias. Isso podia ser visto como obsoleto, implicando enorme roubo de potência do motor. Não importava muito o torque do motor, coisa que o seis-cilindros tinha de sobra. Pelo sistema de acionamento, sempre havia um baque, facilmente sen-

À esquerda: o Diplomata ganhou decorações laterais ainda maiores e rodas aro 15 em 1991. À direita: a partir da metade do ano, o quebra-vento foi abolido e o espelho retrovisor externo foi redesenhado e reposicionado.

tido pelo usuário, um "degrau" de potência. Analogamente ao shunt descrito acima com o sistema de escapamento, foi criada uma linha hidráulica interligada à tubulação do ar-condicionado. Logo depois de ele ser acionado, a diminuição da temperatura se espraiava ao combustível, que (por força da lei física de temperatura e pressão) ficava enriquecido, compensando em parte a perda de potência. Continuava havendo o baque, mas bem menos perceptível.

Tudo isso fez o Diplomata adquirir hábitos menos "beberrões": conseguira-se em torno de 18 por cento de economia quando rodava a 100 km/h, a 2.900 rpm. Andava 9,5 km com 1 litro de combustível. Ficou um pouco mais lento, baixando a velocidade máxima de 173 km/h para 167 km/h, dado meio teórico, pois poucas pessoas a alcançam e quase nenhuma estrada brasileira permite isso.

Mesmo gastando menos combustível, o Opala ainda se mostrava inferior aos concorrentes nesse item, que utilizavam motores mais atuais, ou seja, mais de acordo com os tempos de penúria econômica.

No meio do ano, novos para-choques monobloco, desprovidos das ponteiras, envolviam a carroceria; a grade dianteira foi simplificada, com linhas horizontais; o espelho retrovisor foi redesenhado e reposicionado alguns centímetros para a frente; o antigo recurso de diminuir aparentemente a altura e a idade do carro, com apliques ao lado do carro, voltou a ser usado, o que assumiu dimensões nunca vistas, crescendo ao longo dos anos. Talvez fosse um dos indicadores da velhice do carro. Dada a dimensão da área envidraçada, adaptada à moda de 1960, e sua diferença com a dos anos 1990, o Opala dava a impressão de carro antigo. Em todo caso, a construção das portas, sua dimensão e as colunas A, B e C tornavam o carro um clássico que podia ser comprado zero-quilômetro. Tinha ainda acabamento em preto fosco nos baten-

Forração e acabamento interno dos anos 1990.

tes dos vidros, antes cromados, o que alongava visualmente seu desenho, assim como no Fusca.

A forração das portas, bancos e volante espumado de menor dimensão eram "especialidades" da General Motors do Brasil, e novamente deliciaram os "opaleiros" inveterados que compunham o mercado do carro. Ninguém gostou muito do outro toque "moderno", a retirada do quebra-vento da porta dianteira, tendência dos novos projetos.

O Diplomata recebeu freios a disco nas quatro rodas. A General Motors do Brasil não poupava mudanças substanciais que agregavam valor ao carro. Esses Diplomatas, Comodoros e o "queixo duro" Opala, de acabamento simplificado, acabaram sendo, como todos os últimos carros de linha em término, os mais desejáveis do ponto de vista de uso e qualidade. As pessoas que se interessavam por automóveis, mas que não se privavam das informações internas da fábrica, não entendiam muito bem esse enorme número de novidades em um modelo que, imaginavam, estava "condenado". Tiravam conclusões do número minguado de "opaleiros" dispostos a comprar o carro zero-quilômetro: 8.963 pessoas. Essa informação não levava em conta que a procura fosse em razão da diminuição de oferta e propaganda, já que a General Motors do Brasil planejava diminuir essa oferta. Mas isso só insiders da fábrica conheciam. Era um segredo guardado a sete chaves. Outras pessoas imaginavam que essas modificações eram sinais seguros de que o Opala iria continuar sendo oferecido ainda por muitos anos.

Na diminuição de oferta, a General Motors do Brasil terminou a fabricação da linha institucional, principalmente a do Opala de quatro cilindros, procurado por deputados, vereadores e prefeitos. Preferiu oferecer o Monza, que logo foi aceito. O que teria havido? Um político paulista aproveitou a onda. Espalhou – e logo foi copiado por outras autoridades – que se tratava da "moralização dos serviços públicos" não encomendar (a cada dois anos) o Opala para seus servidores. Parece que ninguém percebeu que o Monza era *mais* caro que o Opala de quatro cilindros, o "carro do deputado estadual", na cor preta, e, em alguns Estados, verde.

A evolução dos modelos

Opala Collector. Produzido em pequena quantidade, marcou o fim da linha Opala.

Finalmente, os "curiosos" tiveram suas dúvidas satisfeitas sobre a origem de tantas modificações mecânicas no Opala. Alguns repórteres, como sempre, nutridos pela própria General Motors do Brasil, revelavam o lançamento do Omega. Apareceram fotos do carro, como se estivessem sendo flagrados em testes em São Bernardo do Campo.

As outras linhas foram se aproximando mais das ofertas alemãs. O Monza sofreu a primeira mudança de aparência, ficando mais aerodinâmico e menos equilibrado, e logo ganhou o gosto do público, inspirado no Opel Vectra.

Em 16 de abril de 1992, às 14 horas, saía da linha de montagem o último Opala, de número 998.444, ou seja, praticamente o de número 1 milhão, da enorme quantidade de Opalas produzidos durante 24 anos de existência.

O primeiro carro brasileiro que a General Motors do Brasil havia inserido no mercado brasileiro acabou sendo o primeiro a ser retirado de fabricação, pois o Opala sempre foi o triunfo da parcimônia e da lógica, da racionalidade frente a condições instáveis do mercado. E acabou sendo um dos produtos industriais, na história do automóvel, mais queridos e justificadamente longevos da nossa história. Um tributo às suas qualidades intrínsecas são o interesse e a taxa de sobrevivência, marcados pelo aparecimento de vários clubes ligados ao movimento dos carros antigos. Dificilmente será considerado um clássico, como se tornaram o Simca e o DKW, mas diferentemente deles, poderá ser um clássico no Brasil, um marco na indústria, pelas marcas em vendas, serviços prestados e capacidade de adaptação. O Opala, fazendo jus ao seu nome, agora faz parte da categoria das joias – raras – que existiram e fizeram a história do automóvel no Brasil.

STOCK CARS
PACE CAR

CAPÍTULO 4

NAS PISTAS

UM CORREDOR VITORIOSO

Assim que foi lançado no Salão do Automóvel de 1968, os olhos da comunidade automobilística de competição logo se voltaram para o Opala de seis cilindros. Seu peso relativamente baixo, de 1.160 kg, e o motor de 3.764 cm³ e 125 cv (potência SAE bruta) prometiam bom desempenho nas corridas. Mas havia limitações no câmbio de apenas três marchas e nos freios a tambor nas quatro rodas, inadequados para uso em pista.

Isso mudaria em junho de 1970 com a chegada da versão SS, cujo motor de seis cilindros agora deslocava 4.093 cm³ e tinha a potência elevada para 138 cv, com torque bem maior, passando de 26,2 para 29 mkgf (ambos os torques SAE brutos). Tão bem-vindos quanto o novo motor eram o câmbio de quatro marchas com alavanca no assoalho (o de três era na coluna) e, principalmente, os freios a disco para as rodas dianteiras. Os bancos dianteiros individuais completavam o charme e constituíam praticamente um outro carro.

A primeira vitória importante do Opala foi na 24 Horas de Interlagos de 1970, vencida de ponta a ponta pelos irmãos Bird e Nilson Clemente. Daí em diante o carro passou a ser vencedor por excelência e simplesmente nenhum outro conseguia superá-lo. Nem mesmo o Dodge Dart, com motor V-8 de 5.212 cm³ e 198 cv (potência SAE bruta).

Em 1971, mais um passo foi dado para o excelente desempenho do Opala

À esquerda: na 25 Horas de Interlagos de 1973, um Opala disputa com um Maverick. À direita: mesma prova no ano seguinte.

nas competições: o lançamento da versão cupê de duas portas, com estética mais adequada para competições.

No ano seguinte, um grupo de pilotos cariocas resolveu criar uma categoria de Opala, a que chamaram de Stock Car. A General Motors vendeu quinze cupês com motor 4100, câmbio de quatro marchas e freios a disco na dianteira a preços especiais. Foram realizadas várias provas no Autódromo Internacional do Rio de Janeiro, na Barra da Tijuca, inaugurado seis anos antes, com amplo sucesso, tanto pela competitividade da categoria quanto pelo desempenho dos carros de motor com seis cilindros, que roncavam grosso quando comparados aos carros com motor de cilindrada menor.

A partir de 1972, Opalas altamente modificados segundo o regulamento Turismo Especial Brasileiro Divisão 3 eram imbatíveis, havendo um número considerável deles competindo por todo o país.

Em junho de 1973, iniciava-se um novo ciclo no automobilismo brasileiro com as provas de longa duração promovidas pelo piloto e empresário Antônio Carlos Avallone. O regulamento – Turismo de Série Divisão 1 – era bem restrito, e o custo para competir, baixo, o que atraiu muitos pilotos. Mas o Opala encontraria um forte concorrente, recentemente lançado no Brasil, o Ford Maverick GT V-8 de 4.942 cm³, que acabou vencendo a primeira prova do tipo, a 25 Horas de Interlagos, em agosto. Mas por pouco, pois um Opala chegou logo atrás, apenas 47 segundos depois do Maverick receber a bandeirada de chegada.

Daí em diante as disputas polarizaram-se nos dois modelos, que corriam na classe de cilindrada superior, a classe C, com motores de cilindrada superior a 2.501 cm³, dividindo vitórias. Continuavam também as acirradas disputas entre o Opala e o Maverick na categoria Divisão 3, até que em 1979 o Maverick deixou de ser produzido e o interesse pelo veículo reduziu-se drasticamente.

Nesse mesmo ano, uma nova categoria foi inaugurada no automobilismo brasileiro, a Opala Stock Car, agora com total apoio da General Motors do Brasil e reunindo expressivo número de participantes, o que garantia um grande espetáculo nos vários autódromos do país. A categoria durou até 1992, quando o Opala deixou de ser produzido após 24 anos no mercado.

Primeira vitória do Opala em prova de longa duração, por Bird e Nilson Clemente na 24 Horas de Interlagos de 1970.

CAPÍTULO 5

DADOS TÉCNICOS

OS MODELOS

OPALA SS

A sigla SS sempre teve um quê de especial para o cliente Chevrolet e, tanto nos Estados Unidos como no Brasil, a General Motors aproveitou bem a ideia ao lançar a versão SS do Opala. O Impala SS americano tinha agora um novo companheiro de sigla.

Em 1970, o motor de seis cilindros, 4.100 cm³ e câmbio de quatro marchas com alavanca no assoalho entrava pela primeira vez em cena com o Opala SS 4100. A configuração do Opala, por ocasião do lançamento no Salão do Automóvel de 1968, era de 3.800 cm³ e três marchas, com alavanca na coluna. Mas o SS era um sedã de quatro portas, e com a introdução da carroceria cupê de duas portas em 1971, o espírito SS – super sports – acentuou-se.

Com a crise do petróleo de 1973, que elevou assustadoramente os preços da gasolina, a General Motors criou o SS para aqueles duros tempos, o de quatro cilindros, menos sedento de gasolina, mas sem ser tão lento como se imaginava. Veja a seguir a ficha técnica comparativa do SS de quatro e de seis cilindros.

O motor 151-S agora estava disponível em toda a linha, com exceção da tampa do filtro de ar cromada, que continuava uma exclusividade do SS.

Ficha técnica Opala SS

CHEVROLET OPALA	SS-4	SS-6
MOTOR		
Localização e posição	Dianteiro longitudinal	
Combustível	Gasolina	
Taxa de compressão	7,0:1	
Diâmetro dos cilindros/curso dos pistões (mm)	101,6 / 76,2	98,4 / 89,6
Cilindrada (cm≥)	2.474	4.093
Potência máxima (cv/rpm)	98 / 4.800	148 / 4.000
Torque máximo (mkgf/rpm)	19,8 / 2.600	9 / 2.400
Material do bloco/cabeçote	Ferrro fundido / ferro fundido	
Nº e arranjo dos cilindros/arrefecimento	Quatro, em linha / a líquido	Seis, em linha / a líquido
Localização da árvore de comando de válvulas	Bloco	
Árvore de comando de válvulas/acionamento	Uma / engrenagem	
Nº de válvulas por cilindro/localização/atuação	Duas / cabeçote / vareta e balancim	
Formação de mistura	Carburador duplo DFV 446	Carburador duplo Brosol-Solex 40/41 DIS
EMBREAGEM		
Tipo	Monodisco, a seco	
Acionamento	Mecânico, a cabo	
TRANSMISSÃO		
Câmbio/rodas motrizes	Manual totalmente sincronizado /traseiras	
Bloqueio de diferencial	Não	Sim
Nº de marchas à frente/alavanca	Quatro / no assoalho	
Relações das marchas	1a. 3,07:1; 2a. 2,02:1; 3a. 1,39:1; 4a. direta; ré 3,57:1	
Relação de diferencial	3,54:1	3,08:1
SUSPENSÃO		
Dianteira	Independente, braço superior triangular, braço inferior simples com tensor, mola helicoidal, amortecedor hidráulico e barra estabilizadora	
Traseira	Eixo rígido, tensores inferior e superior, barra Panhard, mola helicoidal, amortecedor hidráulico e barra estabilizadora	
DIREÇÃO		
Tipo	Setor e sem-fim com esferas recirculantes	
Relação/assistência	18:1/ hidráulica	
Diâmetro mínino de curva entre guias (m)	11,5	

Ficha técnica Opala SS

CHEVROLET OPALA	SS-4	SS-6
FREIOS		
Servoassistência	A vácuo	
Dianteiros	A disco ventilado	
Traseiros	A tambor	
SISTEMA ELÉTRICO/GERADOR	12 V / alternador	
CARROCERIA		
Construção	Monobloco em aço com travessa dianteira em aço, sem coluna central	
Número de portas/Número de lugares	Duas / cinco	
DIMENSÕES EXTERNAS (mm)		
Comprimento	4.671	
Largura	1.758	
Altura	1.359	
Distância entre-eixos	2.667	
Bitola dianteira/traseira	1.410 / 1.410	
Distância mínimo do solo	150	
DESEMPENHO		
Aceleração 0-100 km/h (s)	15,6	12,3
Velocidade máxima (km/h)	165	172
CONSUMO DE COMBUSTÍVEL		
Médio, km/l	8,3	7,3
Tanque de combustível (l)	65	
RODAS E PNEUS		
Rodas	Aço 5J x 14	
Pneus	6.45-14	7.35-14
PORTA-MALAS		
Capacidade (litros)	430	
Peso em ordem de marcha (kg)	1.093	1.146

OPALA 1968

A ficha técnica a seguir pertence ao Opala 1968, o original lançado no Salão do Automóvel de 1968.

Ficha técnica Opala 1968

MOTOR	
Seis cilindros em linha (ou quatro cilindros em linha)	
Disposição do eixo comando	no bloco
Disposição da válvula	no cabeçote
Diâmetro de curso	98,4 x 82,5
Cilindrada	3.770 cm3 (ou 2.500 cm3)
Potência máxima	125 cv SAE a 4.000 rpm (80 cv SAE a 4.000 rpm)
Torque máximo	26,2 mkg a 2.400 rpm (18 mkg a 2.600 rpm)
Taxa de compressão	7,0:1
Colocação do motor	dianteiro sobre coxins de borracha
Rodas motrizes	traseira
TRANSMISSÃO	
Nº de marchas	três à frente e ré
Relações	2,79 / 1,68 / 1,00:1 e ré 3,57:1
Relação do diferencial	3,077:1
Embreagem	monodisco a seco e chapéu chinês
Comando da embreagem	mecânico, com autocompensação de folgas
CHASSI, SUSPENSÃO E FREIO	
Tipo de construção	monobloco
Freios de serviço	hidráulicos, com tambor nas quatro rodas
Freio de estacionamento	mecânico nas rodas traseiras
Rodas	4,5 x 14 polegadas
Direção	tipo setor e rosca sem fim, de acionamento mecânico
Suspensão dianteira	independentes, molas helicoidais, barra estabilizadora e amortecedores de dupla ação
Suspensão traseira	eixo rígido com molas helicoidais e barra estabilizadora transversal

Ficha técnica Opala 1968

DIMENSÕES	
Comprimento total	4,58 m
Largura máxima	1,758 m
Altura total (vazio)	1,384 m
Altura livre do solo	14,7 cm
Peso total	1.087 kg (980 kg)
Capacidade do tanque	---
Capacidade do cárter	4,7 litros com filtro de óleo
Bitola dianteira	1,410 m
Bitola traseira	1,410 m
Entre-eixos	2,668 m
Diâmetro de giro	13,0 m (à esquerda) e 12,4 m (à direita)

Produção ano a ano

MODELO	1968	1969	1970	1971	1972	1973	1974	1975	1976	1977	1978	1979
Opala - gasolina	305	25.792	42.331	54.212	66.940	57.606	51.005	47.472	42.944	31.020	40.014	28.032
Opala - álcool	0	0	0	0	0	0	0	0	0	0	0	129
Comodoro - gasolina	0	0	0	0	0	0	77	1.512	1.477	1.759	4.606	12.803
Comodoro - álcool	0	0	0	0	0	0	0	0	0	0	0	12
Diplomata - gasolina	0	0	0	0	0	0	0	0	0	0	8	239
Diplomata - álcool	0	0	0	0	0	0	0	0	0	0	0	1
Caravan - gasolina	0	0	0	0	0	0	2.292	20.404	24.042	17.354	26.413	26.509
Caravan - álcool	0	0	0	0	0	0	0	0	0	0	0	11
Caravan Comodoro - gasolina	0	0	0	0	0	0	0	0	0	0	0	0
Caravan Comodoro - álcool	0	0	0	0	0	0	0	0	0	0	0	0
Caravan Diplomata - gasolina	0	0	0	0	0	0	0	0	0	0	0	0
Caravan Diplomata - álcool	0	0	0	0	0	0	0	0	0	0	0	0
Total	**305**	**25.792**	**42.331**	**54.212**	**66.940**	**57.606**	**53.374**	**69.388**	**68.463**	**50.133**	**71.041**	**67.736**

Produção ano a ano

MODELO	1980	1981	1982	1983	1984	1985	1986	1987	1988	1989	1990	1991	1992
Opala - gasolina	18.349	7.970	6.219	984	314	362	669	103	360	909	2.167	775	698
Opala - álcool	7.515	3.175	3.204	4.450	1.524	2.107	1.349	1.819	2.999	1.226	734	238	0
Comodoro - gasolina	15.386	7.970	9.690	1.766	521	569	820	622	1.858	3.720	4.659	3.179	662
Comodoro - álcool	4.655	3.252	3.011	6.988	4.453	6.727	7.375	3.970	8.397	4.342	1.267	1.280	141
Diplomata - gasolina	3.393	2.375	3.545	1.307	909	710	386	510	2.293	4.496	2.624	3.138	669
Diplomata - álcool	532	764	423	1.762	2.164	6.553	6.172	5.120	7.005	4.084	437	564	82
Caravan - gasolina	19.876	8.330	10.801	499	145	159	226	285	375	895	1.742	561	892
Caravan - álcool	7.209	4.448	4.045	3.271	1.574	1.358	1.263	1.968	2.593	1.813	615	171	0
Caravan Comodoro - gasolina	0	0	0	1.440	596	490	579	383	1.444	2.261	2.625	1.024	82
Caravan Comodoro - álcool	0	0	0	5.851	5.119	6.919	4.345	3.091	6.160	2.607	641	257	23
Caravan Diplomata - gasolina	0	0	0	0	0	33	141	124	617	827	570	339	11
Caravan Diplomata - álcool	0	0	0	0	0	1.006	2.802	2.081	1.516	569	75	62	2
Total	**76.915**	**38.284**	**40.938**	**28.318**	**17.319**	**26.993**	**26.127**	**20.076**	**35.617**	**27.749**	**18.156**	**11.588**	**3.262**

FONTES DE CONSULTA

BALDWIN, Nick et al. *The World Guide to Automobile*. Londres: McDonald & Co, 1987.

CIVITA, Victor. (editor). *Enciclopédia do Automóvel*. Versão brasileira da edição original da Ed. Mondadori e da QuattroRuote. São Paulo: Abril Cultural, 1974.

GEORGANO, Nick. *The Beaulieu Encyclopedia of the Automobile*; Londres: The Stationery Office, 2004.

PEILER, Frank (editor). *GM: 100 years*. Lincolnwood: Publications International Ltd., 2008.

VIEIRA, José Luis. *100 anos do Automóvel*. São Paulo: Editora Três, 1988.

GREGSON, Paul William. *Maverick, um ícone dos anos 1970*. São Paulo: Editora Alaúde, 2007.

TEIXEIRA, Francisco et al. *General Motors do Brasil, 70 anos de história*, São Paulo: Prêmio Editorial, 1995.

REVISTAS

Revista Classic Show, Porto Alegre: Fagundes Editora, 2005-2006.

SANDLER, Paulo César. Vários artigos na *Folha de S. Paulo* de 1968 a 1969.

SANDLER, Paulo Cesar. Vários artigos sobre automóveis brasileiros na *Collectible Automobile* de 1987 a 2006.

GM, the first 50 years, 1958.

Revista Raizes, edição especial agosto de 2000.

Revista Panorama, edição especial de 1995.

Revista Panorama, ano 30, v. 5, maio de 1992.

Collectible Automobile de 1983 a 2007.

Auto Katalog de 1968 a 1996.

Revista Auto Esporte de 1964 a 1992.

Revista Quatro Rodas de 1964 a 1992.

Revista Velocidade de 1950 a 1961.

CRÉDITO DAS IMAGENS

Abreviações: a = acima; b = embaixo; c = no centro; d = à direita; e = à esquerda.
Na falta de especificações, todas as fotos da página vieram da mesma fonte.

Páginas 6, 11, 13: arquivo do autor.
Páginas 98-9, 100, 101: arquivo pessoal de Bob Sharp.
Páginas 4-5, 7, 8, 9, 10, 12, 14, 16, 17, 18-9 20, 21a, 22a, 56, 57, 58-9b, 59a, 62d, 66, 72, 76e, 78d, 79, 81, 82d, 83, 84, 86a, 87d, 88, 89, 90, 91, 92b, 93, 94, 95, 96e, 102-3: General Motors do Brasil/Ulbra.
Páginas 22b, 23, 24-5, 26, 27b, 33, 34-5, 38-9b, 39a, 40-1, 42, 44-5, 46, 48, 50, 51, 52, 58a, 61, 62e, 67, 68, 70, 71, 74, 76d, 78e, 82e, 85, 86be, 86-7, 92a, 96-7, 97: Rogério de Simone.
Páginas 21b, 28-9, 32, 36, 38, 47, 64, 69, 80, 104: publicidade de época.
Página 30: Revista *Autoesporte*, Editora Globo.
Página 27a: Revista *Quatro Rodas*, Editora Abril.
Página 65: Revista *Classic Show/Atos* R. Fagundes.

Conheça os outros títulos da série: